# Os desafios do ensino de História:
problemas, teorias e métodos

# Os desafios do ensino de História:
## problemas, teorias e métodos

Alexandre de Sá Avelar

Editora intersaberes

**EDITORA intersaberes**

Rua Clara Vendramin, 58 . Mossunguê
CEP 81200-170 . Curitiba . PR . Brasil
Fone: (41) 2106-4170
www.intersaberes.com
editora@editoraintersaberes.com.br

| | |
|---|---|
| Conselho editorial | Dr. Ivo José Both (presidente) |
| | Drª. Elena Godoy |
| | Dr. Nelson Luís Dias |
| | Dr. Neri dos Santos |
| | Dr. Ulf Gregor Baranow |
| Editora-chefe | Lindsay Azambuja |
| Supervisora editorial | Ariadne Nunes Wenger |
| Analista editorial | Ariel Martins |
| Preparação de originais | André Pinheiro |
| Design de capa e miolo | Sílvio Gabriel Spannenberg |
| Imagens da capa | Caleb Kimbrough |
| Iconografia | Danielle Scholtz |

---

Dados Internacionais de Catalogação na Publicação (CIP)
(Câmara Brasileira do Livro, SP, Brasil)

Avelar, Alexandre de Sá
Os desafios do ensino de História: problemas, teorias e métodos/ Alexandre de Sá Avelar. – Curitiba: InterSaberes, 2012.

Bibliografia.
ISBN 978-85-8212-370-6

1. Didática 2. História – Estudo e ensino 3. Prática de ensino 4. Professores de história 5. Professores e estudantes I. Título.

12-09186                                    CDD-907

Índices para catálogo sistemático:
1. História: Estudo e ensino    907

---

1ª edição, 2012.
Foi feito o depósito legal.

Informamos que é de inteira responsabilidade do autor a emissão de conceitos.

Nenhuma parte desta publicação poderá ser reproduzida por qualquer meio ou forma sem a prévia autorização da Editora InterSaberes.

A violação dos direitos autorais é crime estabelecido na Lei nº 9.610/1998 e punido pelo art. 184 do Código Penal.

# Sumário

Apresentação 7
Introdução 11

**1** O ensino de História na educação infantil e nos anos iniciais do ensino fundamental: a educação para um pensamento histórico 18
1.1 O percurso histórico do ensino de História no Brasil 19
1.2 A problemática das identidades 26
1.3 O trabalho com eixos temáticos 29

**2** Parâmetros Curriculares Nacionais (PCN) e o ensino de História 40
2.1 Contexto histórico e os avanços contidos nos PCN 41
2.2 Problematizando os PCN 46

**3** Alternativas teórico-metodológicas para a estruturação dos conteúdos e do processo de ensino-aprendizagem 60
3.1 Teoria e metodologia em sala de aula 61
3.2 A biografia 63
3.3 A história vista de baixo e a cultura popular 66
3.4 Relações de gênero e diversidade sexual 72
3.5 Relações étnicas 76

**4** Planejamento e sistematização do ensino: as fontes históricas e o trabalho com o texto 88
4.1 A importância dos conceitos 89
4.2 A pesquisa em sala de aula e as fontes históricas 94
4.3 O trabalho com o texto e as possibilidades da literatura 99

**5** Praticando a educação histórica: materiais, recursos e experiências didáticas 110
5.1 História oral e visitas a museus 111
5.2 Livro didático 115
5.3 Cinema 119
5.4 Iconografia 125
5.5 *Softwares* e internet 130

**6** Processos avaliativos em História: tocando em tabus 140
6.1 A perspectiva quantitativa: a "pedagogia do exame" 141
6.2 Uma avaliação que diagnostica 145

*Considerações finais* 155
*Referências* 160
*Bibliografia comentada* 171
*Outras sugestões de leitura* 176
*Respostas* 178
*Sobre o autor* 179

*Não nos enganemos: a imagem que fazemos de outros povos e de nós mesmos está associada à História que nos ensinaram quando éramos crianças. Ela nos marca para o resto da vida. Sobre essa representação, que é para cada um de nós a descoberta do mundo e do passado das sociedades, enxertam-se depois opiniões, ideias fugazes e duradouras, como um amor..., mas permanecem indeléveis as marcas das nossas primeiras curiosidades, das nossas primeiras emoções.*
(Marc Ferro, 1983, p. 11)

# Apresentação

O texto ora apresentado procurará oferecer aos alunos e professores um material útil de referência, para a reflexão acerca dos desafios, dilemas e perspectivas do ensino de História na atualidade. Entendemos aqui a disciplina de História como também possuidora de uma historicidade, ou seja, seus métodos e pressupostos teóricos foram construídos historicamente e, portanto, podem ser desconstruídos. Com isso, queremos afirmar que as posições aqui defendidas são igualmente históricas e não devem ser tomadas como guias inflexíveis. Isso porque acreditamos que a compreensão da historicidade das ações humanas e do conhecimento histórico a respeito delas seja o caminho mais promissor para que professores e alunos possam construir coletivamente o saber histórico em sala de aula.

Esta obra está estruturada em seis capítulos. No primeiro, são propostas algumas reflexões a respeito do ensino de História nas séries iniciais do ensino fundamental, chamando a atenção para algumas questões relevantes a fim de se construir um pensamento histórico nessa etapa da vida escolar. É discutido, principalmente, o trabalho com as problemáticas das identidades e com os eixos temáticos.

O segundo capítulo aborda os Parâmetros Curriculares Nacionais para a disciplina de História, situando-os historicamente no contexto dos debates sobre a educação brasileira a partir da abertura política dos anos 1980. Há, ainda, no capítulo a discussão de algumas questões relativas à aplicação dos PCN, considerando-se a realidade escolar brasileira.

Abordagens alternativas para o ensino de História constituem o conteúdo do terceiro capítulo. O propósito aqui é debater algumas possibilidades de trabalho em sala de aula com temáticas que, recentemente, têm sido objetos de estudos mais detalhados por parte dos historiadores: biografia; relações étnicas; gênero e diversidade sexual; a HISTÓRIA VISTA DE BAIXO.

A transformação da sala de aula em um lugar de pesquisa e o trabalho com fontes, conceitos e textos têm produzido interessantes experiências no ensino de História. Essas modalidades de planejamento e sistematização do ensino são tratadas no quarto capítulo.

O quinto capítulo apresenta-se, de certa forma, como uma extensão do capítulo anterior. Aqui são examinados alguns instrumentos que, longe de serem simplesmente complementos da aula tradicional, devem ser entendidos como elementos que contribuem para a construção do pensamento histórico entre os jovens. A partir dessa perspectiva, a história oral, as visitas a museus, o cinema, a iconografia, os *softwares* e os livros didáticos são debatidos ao longo do capítulo.

No entanto, tradicionalmente, o processo de ensino-aprendizagem em História se consolida a partir da proposição de avaliações aos alunos. Sem negar sua importância, o sexto capítulo procurará problematizar os processos avaliativos, questionando seu caráter meramente quantitativo.

# Introdução

Tornou-se um relativo consenso afirmar que vivemos em uma era qualitativamente distinta daquelas que nos precederam. As denominações variam: alguns falam em *pós-modernismo*, outros em *aldeia global*. Há também aqueles que entendem nosso tempo como uma SOCIEDADE DA INFORMAÇÃO. Essas qualificações apresentam perspectivas distintas, olhares variados e formas específicas, mas convergem em um aspecto fundamental: nosso tempo é novo!

Como as mudanças e transformações são sempre carregadas de incertezas, expectativas, desafios e dúvidas, o ofício do historiador não poderia, evidentemente, deixar de ser afetado por esse novo horizonte. Desse modo, antigas certezas foram abaladas, novos objetos passaram a ser colocados em primeiro plano, inovadoras abordagens foram construídas, outros olhares foram edificados. Talvez a pergunta clássica de Michel de Certeau (1982, p. 65) – "O que eu faço quando estou fazendo História?" – seja ainda mais pertinente nestes tempos, marcados pela sensação de vivermos em um "eterno presente".

Essas modificações profundas ocorridas na vida política, econômica e cultural provocaram um grande mal-estar entre professores e estudantes de História, em geral produzindo demonstrações de descrença quanto à possibilidade, e mesmo à necessidade, do conhecimento histórico, além de ceticismo quanto à sua capacidade de criar identidades e transformar realidades. Há um desencanto latente quanto à validade do estudo do passado como veículo de promoção de mudanças no presente. A investigação historiográfica tem se reduzido a uma mera compilação de fatos pitorescos, sem qualquer perspectiva analítica de maior fôlego. Sites de pesquisa e apostilas escolares têm ofertado informações superficiais em abundância, substituindo o trabalho sério de pesquisa. Com isso, a vulgarização do passado parece ter atingido dimensões até então nunca vistas.

Nas salas de aula, o desapontamento em relação ao estudo da história parece ser geral. Professores reclamam do desinteresse e da apatia dos alunos. Os conteúdos, argumentam os docentes, estimulam em parte essas atitudes, pois seu alto nível de abstração dificulta uma aproximação em relação ao universo de representações e significados das crianças e dos adolescentes. Os estudantes reivindicam um ensino mais próximo de sua realidade, com aulas atraentes e estimulantes, conteúdos menos extensos e que exijam poucos esforços de memorização. A universidade deve realizar sua *mea culpa* no que tange a esses problemas que afligem tanto os estudantes quanto os docentes. Isso porque ainda persiste nos meios intelectuais a crença de que o ensino de História exige exclusivamente a apropriação, por parte dos professores, dos conhecimentos consagrados pela historiografia e produzidos pela pesquisa histórica acadêmica. Pouca preocupação se tem devotado aos processos pelos quais ocorrem a aprendizagem dos alunos e a construção dos conceitos no pensamento dos jovens.

Essa contradição reflete uma divisão ainda mais profunda, que opõe historiadores e pedagogos. Os primeiros defendem a supremacia dos conhecimentos históricos, enquanto os segundos se apoiam na ideia da superioridade da orientação pedagógica na formação dos professores de História. Essa dicotomia atravessa os cursos de licenciatura e de bacharelado país afora e implica uma perigosa hierarquia de importância entre conhecimentos "específicos" e "pedagógicos", que pouco contribui para a reflexão e a proposição de soluções para os problemas e desafios enfrentados por professores e alunos de História.

Esse cenário, porém, parece contrastar com o crescente interesse que a história vem despertando no público leigo. As publicações contemplam objetos cada vez mais amplos. Além disso, revistas com temas históricos são comercializadas em bancas de jornal e apresentam linguagem acessível, o que estimula um público cada vez mais amplo. Somado a isso, historiadores são chamados para debater os problemas contemporâneos em veículos de rádio e TV, trabalhar em projetos turísticos e urbanísticos. Além disso, livros ou romances históricos figuram entre os mais vendidos e novelas e séries "históricas" alcançam cada vez mais telespectadores.

Como se situam, então, nossas representações sobre o passado? Quais são as fontes, os materiais, os problemas e as perspectivas que utilizamos para trazer de volta os homens e suas ações vividas? Quando ensinamos História, de que passado afinal estamos tratando? Podemos objetivamente recuperá-lo, enquadrá-lo e, consequentemente, ensiná-lo? Quais as implicações, para o presente, da representação que fazemos do passado? O que significa para as gerações mais novas retomar o passado, aquilo que já se deu e que não podemos, em tese, modificar?

As perguntas acima, apesar de não serem recentes, suscitam problemas e desafios sempre atuais. Escrever um texto ou dar uma aula de História é estabelecer um diálogo entre o presente e o passado. Isso nos leva de imediato a pensar em duas questões paralelas. Em primeiro lugar, não existe um passado puro que podemos reconstituir integralmente por meio dos registros e fontes que nos são legados. Em parte, isso se deve ao fato de a História estar, de acordo com Keith Jenkins (2001, p. 31-33), "sempre fadada a ser um constructo pessoal, uma manifestação da perspectiva do historiador como narrador. [...] O passado que conhecemos é sempre condicionado por nossas próprias visões, nosso próprio presente". Por outro lado, circunscrever inteiramente a análise do passado às nossas concepções atuais pode produzir meras projeções pessoais do presente sobre o passado, os temidos anacronismos. Arrisca-se a uma busca incessante dos vestígios passados dos males e dos problemas do presente, transformando o processo histórico em uma trajetória linear que necessariamente terá que desembocar na situação em que nos encontramos atualmente.

Se a velha noção de um processo histórico verdadeiro e objetivo foi abalada, não devemos, agora, entregar-nos às seduções da total relativização. Admitir que o historiador seleciona elementos do passado que lhe interessam e aceitar que o estudo da História tem um forte elemento de subjetividade não significa corroborar a ideia de que o pesquisador ou o professor de História criam os fatos que estudam ou que o produto do trabalho deles possa se assemelhar a alguma peça literária. Interpretar o passado não significa inventá-lo. Ainda que o nosso texto apresente formas e recursos literários, não fazemos literatura. O desconstrutivismo relativista apresentou contribuições importantes para a elucidação das motivações dos discursos, a compreensão dos jogos de poder que perpassam as narrativas históricas, a análise dos lugares de fala do historiador etc. Por outro lado, não se pode perder a necessidade de os alunos se localizarem nos contextos históricos que estudam. É preciso que eles entendam que as conexões que possuímos com o passado e o próprio passado não são criações arbitrárias dos historiadores, mas realidades efetivas, pois, como afirmam Jaime e Carla B. Pinsky (2005, p. 26), "é muito difícil fazer História sem ter noção de processo, a ideia do devir histórico [...], a apreensão da complexa e imbricada dialética que se estabelece entre determinações históricas e ações humanas".

O ensino de História, portanto, está na dependência direta de dois elementos centrais: a maneira pela qual o processo de ensino-aprendizagem é visto e a concepção de História que norteia o professor, lembrando que relacionar-se com o que já foi vivido é parte constitutiva da trajetória de cada indivíduo. A consciência humana é uma forma de localização no passado. Esse passado é uma marca indelével da nossa vida social, de nossas instituições e formas de sentir e pensar o mundo. E como esses valores e padrões estão em um processo constante de transformação, é imperioso assinalar que o modo de se ensinar História também se modificará.

A atividade de ensinar História não pode isolar-se das transformações que repercutem sobre o objeto em si. O fazer do historiador se modifica pelas incorporações temáticas de outros campos do saber, pelos debates metodológicos, pelas descobertas de novas fontes e pela própria dinâmica das sociedades. Além disso, precisamos considerar que a própria escola e seus agentes (pais, alunos e professores) também não são os mesmos de décadas atrás. Há uma sensação clara de atordoamento diante de tantas e rápidas mudanças. Certa angústia parece transparecer nos relatos dos professores, em meio às dificuldades de ensinar fatos sobre o Egito Antigo diante de alunos interessados nos últimos jogos eletrônicos ou nas conversas via *chat* que terão com seus amigos mais tarde.

A cultura do "eterno presente" coloca questionamentos e dúvidas a respeito da relevância da história como instrumento de análise e transformação da realidade e, por conseguinte, do papel que o professor desempenha na sociedade. O que está em jogo é a validade do conhecimento para o aluno e para o próprio docente. O que e como ensinar tornaram-se questões prementes neste início de milênio. Acreditamos, apoiando-nos nas formulações de Elza Nadai (1992/93,

p. 158-160), que os futuros professores de História deverão ser dotados de métodos e procedimentos para lidarem com seis grandes tendências:

**1)** Ideia da existência de um saber escolar que não corresponde nem à justaposição nem à simplificação da produção acadêmica. Ele obedece à outra lógica, que comumente se relaciona ao poder, que pode ser múltiplo e variado – partido, Igreja, Estado etc. –, mas que define os objetivos e o conteúdo da história a ser ensinada nas escolas de qualquer segmento.

**2)** Reconhecimento de que o domínio da história universal ou geral, tal como vinha sendo tratada pela tradição, acabou-se. Atualmente, a imagem do "espelho estilhaçado" expressa com mais propriedade o campo da História. As propostas de ensino, em geral, têm procurado corresponder a essa imagem, seja na seleção de temas, seja na abordagem do conteúdo, que tem privilegiado a diversidade e a diferença, superando a uniformidade e as regularidades. A história, portanto, tem sido temática e as propostas de ensino variam desde aquelas que propõem uma perspectiva da dialética marxista, o estudo das transformações sociais, das totalidades contraditórias, até aquelas que têm como pressuposto a abordagem a partir do cotidiano, da micro-história, em que não se guarda nenhuma hierarquia nos assuntos.

**3)** Reconhecimento de que ensinar História é também ensinar o seu método e, portanto, aceitar a ideia de que o conteúdo não pode ser tratado de forma isolada. Deve-se ensinar menos quantidades e estimular mais o exercício de se pensar historicamente. Assim, de acordo com Pedro Paulo Funari (citado por Nadai, 1992/1993, p. 159), "os objetivos do ensino de história abrangem uma expressividade emancipadora; baseada na autodeterminação e na autonomização do educando, [...] isso pressupõe a compreensão da emancipação a um só tempo e inseparavelmente do indivíduo no seio da sociedade".

**4)** Superação da dicotomia ensino-pesquisa. Compreende-se que o ponto de partida do currículo deve ser resultante da interação entre aluno, professor e meio social. O fundamental tem sido resgatar a historicidade dos próprios alunos. Nesse aspecto, há numerosas experiências que vêm sendo vivenciadas por professores, de forma isolada ou conjunta, e que merecem destaque.

**5)** Compreensão de que alunos e professores são sujeitos da história (do processo escolar, do trabalho comum, da vida e do devir); são agentes que interagem na construção do movimento da sociedade. Assim, algumas propostas têm procurado viabilizar a compreensão das diversas apropriações que envolvem a história: como movimento social, memória e discurso construído sobre o passado e sobre o presente.

**6)** Uso de fontes variadas e múltiplas, com o objetivo de resgatar discursos múltiplos sobre temas específicos. A finalidade tem sido fazer aflorar diferentes tradições históricas e emergir o diálogo (contraditório, complementar, divergente) da história oficial com a memória social. No corpo documental tem ocorrido o predomínio dos manuais escolares – que têm sido reformulados, revistos, criticados –, mas também se incorporam outros documentos, não como recursos e, sim, na dupla condição de sujeito e objeto do conhecimento histórico.

Ao longo dos capítulos que se seguem, o leitor poderá perceber a presença dessas tendências no desenvolvimento dos nossos pontos de vista e pressupostos. Cremos que o momento de crise de valores, de teorias e de paradigmas não pode paralisar a reflexão sobre nossa prática docente. Ao contrário, deve servir como fermento para um constante repensar a respeito do que ensinamos, como ensinamos e para quem ensinamos. Caso você chegue ao final deste livro estimulado ao exercício constante de indagação a respeito dos saberes e das práticas que envolvem o ensino de História, nossos objetivos estarão cumpridos.

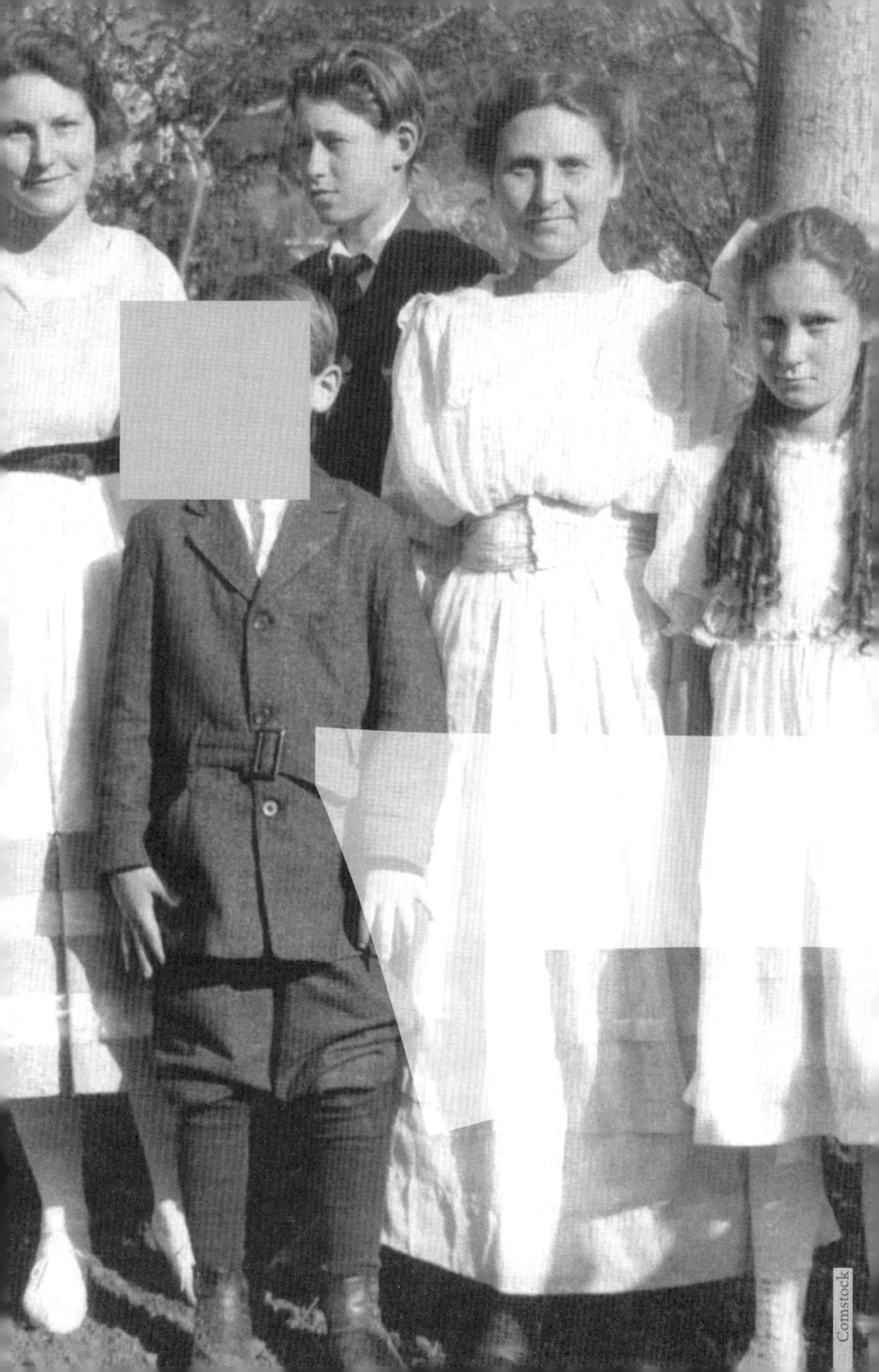

Comstock

O ensino de História na educação infantil e nos anos iniciais do ensino fundamental: a educação para um pensamento histórico

A formação de um pensamento histórico entre os estudantes deve ser a principal tarefa a ser cumprida nas aulas de História. E com isso não estamos afirmando a ideia ainda tão marcante de que o bom aluno da nossa disciplina é aquele capaz de lidar satisfatoriamente com o maior número de fatos, datas e indivíduos. Estamos pensando, tal como Jorn Rüsen (citado por Schmidt; Garcia, 2005, p. 301), no conhecimento histórico como aquele capaz de produzir uma consciência que dá à vida uma "concepção do curso do tempo" que, por sua vez, "revela o tecido da mudança temporal no qual estão amarradas as nossas vidas, bem como as experiências futuras para as quais se dirigem as mudanças". Trata-se, portanto, de uma educação histórica que desvele o sentido temporal da nossa existência, tornando-nos capazes de estabelecer nossos lugares no mundo e também os laços que nos ligam ao passado e ao futuro. Este capítulo propõe algumas reflexões sobre os limites e as possibilidades da formação de um pensamento histórico na educação infantil e nos primeiros anos do ensino fundamental. Para tanto, partimos de um percurso histórico do ensino de História no Brasil, chamando a atenção para a sua incompatibilidade com uma educação histórica como descrevemos acima. Em seguida, assinalamos algumas possibilidades – e também os limites – de elaboração de conteúdos que estimulem a reflexão histórica nos momentos iniciais da trajetória escolar dos estudantes.

## 1.1 O percurso histórico do ensino de História no Brasil

Alargando nosso horizonte temporal, podemos perceber que muitos dos desafios de hoje em relação ao ensino de História já se encontravam presentes há décadas. Uma citação da década de 1930 já revelava alguns desses desafios:

> Nossos adolescentes também detestam a História. Votam-lhe ódio entranhado e dela se vingam sempre que podem, ou decorando o mínimo de conhecimentos que o "ponto" exige ou se valendo lestamente da "cola" para passar nos exames. Demos ampla absolvição à juventude. A História como lhes é ensinada é, realmente, odiosa. (Mendes, 1935, p. 41)

Caso a citação acima não viesse acompanhada da data em que foi escrita, poderíamos perfeitamente pensar que se trata de uma fala recente. De fato, ela é atualíssima e reflete a visão que boa parte dos estudantes brasileiros ainda nutre pela História. As propostas curriculares inovadoras existentes parecem não encontrar correspondência em meio a uma realidade ainda marcada pelos modos tradicionais de se ensinar e aprender e pela concepção que situa o professor e o livro didático como os protagonistas de uma "fala competente".

Entretanto, já estamos a uma distância considerável de Murilo Mendes e da sua ácida observação sobre o conhecimento histórico ensinado nas escolas. Em que medida os dilemas apresentados ainda são válidos? Teríamos já efetivamente superado a ideia de que a História seja uma disciplina odiosa? Os desenvolvimentos teóricos e metodológicos da pesquisa histórica e as novas práticas pedagógicas permitem pensar em uma nova direção para o ensino e a aprendizagem de História, especialmente nos primeiros anos do ensino fundamental?

Este capítulo não pretende oferecer respostas acabadas e definitivas para todas essas questões, tarefa que excederia os limites desta obra. Aqui, pretendemos tão somente alinhar alguns pontos que consideramos fundamentais para a reflexão sobre a disciplina de História nesta fase primordial do desenvolvimento intelectual dos estudantes. Para tanto, discutiremos como se construiu historicamente um modelo de ensino de feições memorizantes e as possíveis alternativas e perspectivas para sua superação, em prol de uma História que forneça caminhos para que os estudantes se situem como agentes da sua própria historicidade.

Os desafios para os professores de História nos anos iniciais do ensino fundamental são gigantescos. Além das dificuldades estruturais inerentes à prática docente, há a resistência demonstrada pelos estudantes em relação aos conteúdos históricos. Algumas perguntas são frequentemente incômodas: POR QUE TENHO QUE ESTUDAR O QUE JÁ ACONTECEU? COMO VOU UTILIZAR

ESTE CONTEÚDO PARA A MINHA VIDA? O QUE EU VOU FAZER COM ESTE AMONTOADO DE NOMES E DATAS?

Há, de certa forma, um sentimento comum entre os estudantes de que a História é uma disciplina menor, inferior em importância à Matemática e ao Português, por exemplo. Os estudos na nossa disciplina se resumem ao mero cumprimento das exigências de aprovação, sem maiores preocupações em relação às possibilidades que o conhecimento histórico oferece para a compreensão e para a intervenção no real.

Esse estado de coisas ainda predomina nas salas de aula. Persiste entre nós um modelo tradicional ou "positivista", que estimula a memorização e a reverência aos grandes nomes e acontecimentos. Essa permanência espelha os rumos tomados pelo ensino de História no Brasil, desde a sua implantação como disciplina autônoma, em 1837, sob as bênçãos do Império, e com evidentes preocupações de legitimação do poder nacional então emergente. Voltada claramente para a consecução de objetivos políticos, a metodologia utilizada baseava-se no recurso à memorização de datas e personagens considerados importantes para a preservação da memória nacional.

O modelo de História que então se ensinava era norteado pela produção intelectual do Instituto Histórico e Geográfico Brasileiro (IHGB), criado no mesmo ano de 1837, e cujo projeto era o de construir uma história genuinamente nacional, como complemento indispensável à consolidação do regime monárquico. O IHGB defendia uma ideia evolutiva da História, na qual o Império era o desenvolvimento natural da colonização europeia. Obviamente, essa forma de conceber nosso passado exigia que certos fatos e personagens fossem esquecidos. Eram valorizados os momentos decisivos da independência, a herança cultural branca e a ação evangelizadora da Igreja, enquanto a escravidão e os conflitos sociais que marcaram toda a nossa história colonial eram questões sumariamente desqualificadas. A História eurocêntrica, cronológica e linear passou a ser ensinada como uma verdade pronta e acabada, imune às críticas, pois representava o poder do governo imperial, verdadeiro lugar de realização do nosso processo histórico.

Essa concepção tinha raízes no exemplo francês que, também no século XIX, instituiu a História como disciplina escolar autônoma, a partir das preocupações concernentes à laicização da sociedade e à constituição das nações modernas. Essa autonomização do saber histórico procurava, então, combinar duas tradições do século XVIII: uma do discurso filosófico e sua noção correlata de progresso e outra que remonta ao método positivista, que almejava consagrar às ditas ciências do homem o mesmo *status* científico das ciências naturais. O importante historiador francês Françoise Furet nos fala a respeito desse movimento, que definia um novo sentido para o conhecimento do passado e, obviamente, para o seu ensino:

> Este sentido constitui ao mesmo tempo uma imagem privilegiada (mas não a única) do progresso da humanidade e uma matéria que deve ser estudada, um patrimônio de textos, de fontes, de monumentos que permitem a reconstituição exata do passado. É na confluência destas duas ideias que se instala a "revolução" positivista: dá-lhes, as duas, as bênçãos da ciência. A história dali em diante já tem o seu campo e o seu método. Torna-se, sob os dois aspectos, a pedagogia central do cidadão. (Furet, 1986, p. 135)

Em conjunto, o Colégio Pedro II e o IHGB defendiam a criação de uma história nacional de clara inspiração teórico-metodológica francesa, com os objetivos de servir de esteio à solidificação do ESTADO BRASILEIRO, de soldar as fissuras existentes entre as províncias, de promover a integração e de fornecer aos brasileiros um panteão cívico e político do qual deveriam recordar-se. Tratava-se, dessa forma, de pensar a história por meio de uma tarefa eminentemente política.

A Proclamação da República, em 1889, pretendera, no plano da educação, formar o cidadão, despertar nele consciência de viver em uma nação pautada pelos valores da democracia e da igualdade, devendo ele procurar empregar seus esforços no desenvolvimento científico e tecnológico do país. Havia um clima de otimismo pedagógico e de entusiasmo pela educação que se refletiu na ampliação do ensino secundário e que culminou na criação do primeiro curso superior de História, na Universidade de São Paulo (USP). Não se pensava mais exclusivamente em um projeto educacional destinado aos filhos da nobreza do Rio de Janeiro, mas em uma educação que desnudasse o mais puro espírito republicano, ainda que os beneficiados dela continuassem sendo originários das classes média e alta.

Precisamos, agora, destacar um importante aspecto: a educação republicana não perdeu seu caráter político e, embora estivesse menos dependente dos elementos religiosos que marcaram o ensino durante o Império, manteve seus estreitos vínculos com o Estado. À nação não mais bastavam as referências culturais e religiosas da Europa. Ela precisava se integrar ao grande concerto dos países que conheciam o progresso e o desenvolvimento. O povo era o produtor do seu destino cívico, mas era obrigação de todo indivíduo se envolver nas questões político-administrativas da nação. Permanecia o caráter bacharelesco do ensino, em função da inexistência de cursos que formassem professores de História.

A força das ligações entre o ensino de História e as tradições nacionais sobreviveu aos regimes de caráter mais centralizador e persistiu nas fases de abertura política. Em 1945, logo após a queda do Estado Novo, foi reeditada a Lei nº 1.006, de 30 de dezembro de 1938, que dispunha sobre a elaboração de livros didáticos. Estava proibida a publicação de qualquer obra que, de acordo com os critérios estabelecidos pela referida lei, desprezasse ou tentasse "deslustrar as figuras que se bateram ou se sacrificaram pela Pátria" ou encerrasse "qualquer afirmação ou sugestão que induza pessimismo quanto ao valor e ao destino do povo brasileiro". A proibição atingia, ainda, os livros didáticos que procurassem "destruir ou negar o sentimento religioso", envolvesse "combate a qualquer confissão religiosa", atentasse contra a família ou insinuasse "contra a indissolubilidade dos vínculos conjugais". Também não poderiam ser publicados aqueles que inspirassem o "desamor à virtude", induzissem "ao sentimento da inutilidade ou desnecessidade do esforço individual" ou combatessem "as legítimas prerrogativas da personalidade humana" (Brasil, 1938).

Os governos militares, instalados no poder a partir de 1964, reorganizaram o papel da educação, salientando sua vinculação ao desenvolvimento econômico e à ideologia de segurança nacional. Verifica-se, nessa época, uma progressiva redução dos investimentos estatais no ensino. A participação do Ministério da Educação na receita orçamentária decresceu de 10,65%, em 1965, para 4,3% dez anos depois, mantendo-se no patamar médio de 5,5% até 1983. Por outro lado, o ensino privado expandiu-se consideravelmente a partir do período militar, chegando a responder por mais de 42% das matrículas em 1992, concentradas especialmente nos cursos preparatórios para os vestibulares e nos cursos profissionalizantes noturnos (Fonseca, 1994, p. 19).

O atendimento às demandas de mão de obra, com o objetivo de incrementar a acumulação capitalista, levou os governos militares a promoverem uma importante modificação na formação de professores: a instituição da licenciatura curta. A intenção alegada era a de cobrir a carência de docentes nos diversos níveis de ensino. Além disso, a LDB de 1961 previa a possibilidade de que profissionais de outras áreas pudessem exercer o magistério desde que submetidos a exames de suficiência pelas Escolas Normais e Faculdades (Fonseca, 1994, p. 26).

A essa precarização na formação do docente seguiu-se a implantação, no ano de 1971, dos chamados Estudos Sociais, englobando, no primeiro grau, as disciplinas de História e de Geografia. O professor formado em Estudos Sociais poderia ainda lecionar a disciplina de Educação Moral e Cívica. Pretendia-se formar professores com o mais amplo leque de conhecimentos possíveis, descaracterizando flagrantemente o campo das Ciências Humanas. A ênfase recaía na aquisição de uma formação generalista, com maior preocupação com os métodos e com as técnicas de ensino do que com os conteúdos específicos. Vejamos a avaliação de Dea Fenelon sobre as licenciaturas curtas e o ensino de Estudos Sociais:

> O professor idealizado para produzir este tipo de ensino deverá, portanto, ser submetido a um treinamento generalizante e superficial, o que conduzirá fatalmente a uma deformação e a um esvaziamento do seu instrumental científico. Não há que pensar em fornecer-lhe elementos que lhe permitam analisar e compreender a realidade que o cerca. Ele também não precisa refletir e pensar, deve apenas aprender a transmitir. (Fenelon, 1984, p. 14)

A intenção governamental de instituir o ensino de História e Geografia apenas no segundo grau, deixando para a fase inicial a disciplina de Estudos Sociais, enfrentou intensa resistência por parte da Associação Nacional dos Professores Universitários de História (Anpuh) e da Associação dos Geógrafos do Brasil (AGB). Como resposta, o governo passou a permitir que a disciplina de Estudos Sociais também fosse ministrada pelos licenciados em História e Geografia. Posteriormente, fracassou a tentativa de transformar as licenciaturas de História e Geografia em meras habilitações do curso de Estudos Sociais.

O saber histórico das salas de aula, novamente, não perdeu sua dimensão de instrumento condicionado a uma determinada ordem político-econômica. Os governos militares situaram o ensino de História como um meio indispensável para o desenvolvimento do capitalismo e para a consolidação do regime. As contestações a esses ditames foram punidas severamente pelo aparelho burocrático-repressor. Não foram poucos os professores vítimas de perseguições, inquéritos, exílios e torturas.

O histórico acima sumariamente exposto demonstra a estreiteza da relação entre o ensino de História no Brasil e os projetos políticos de constituição da nossa nacionalidade. Apenas recentemente temos assistido ao surgimento de tendências historiográficas que procuram resgatar o papel dos personagens comuns, aqueles não envolvidos diretamente com o poder político dominante. As perspectivas abertas com essas novas abordagens chocam-se constantemente com os padrões enraizados no imaginário docente e discente, que atribuem ao conhecimento histórico o caráter glorificador e personalista.

As perspectivas abertas com as críticas sofridas pelo modelo tradicional de ensino de História ensejam novas reflexões sobre o nosso fazer docente. Devemos admitir, de início, que o ato de dar uma aula de História é uma escolha permeada por uma série de concepções políticas e ideológicas, ainda que estas nem sempre sejam claras, nem mesmo para o professor. O caminho que este segue é apenas um dentre diversas alternativas possíveis. Opções de natureza teórica e metodológica fazem parte do processo de ensinar História. Ensino e pesquisa "tentam responder às questões colocadas em um determinado contexto, lugar e época. São conhecimentos que não estão à margem da sociedade e que não são, portanto, neutros" (Rocha, 2004, p. 52).

As distintas ferramentas teóricas e metodológicas utilizadas pelo professor permitem uma pluralidade de interpretações para o mesmo fato histórico. O que será estudado e como será estudado depende fundamentalmente do recorte que é dado pelo docente. O constante questionamento dos currículos e dos programas instituídos poderá contribuir para que o professor tome consciência das implicações ideológicas da sua prática, "evitando assim que se transforme em um difusor acrítico de informações" (Rocha, 2004, p. 52).

A dimensão subjetiva do professor produtor do conhecimento histórico não deve ser vista, entretanto, como um empecilho ao trabalho de investigação que se deve realizar em sala. É possível, acreditamos, que os alunos dos anos iniciais do ensino fundamental sejam despertados para os processos de construção do saber histórico e para a percepção do seu papel como agentes do devir temporal. Essas posturas que se pretendem realizadas na dinâmica do ensino-aprendizagem significam um rompimento com modos tradicionais de transmissão do conhecimento, marcados pela ênfase na memorização de eventos e de personagens importantes. Discutiremos em seguida alguns aspectos relevantes para que o ensino de História nas fases iniciais seja responsável pelo interesse discente não apenas pela pesquisa em sala de aula, mas também pela compreensão crítica de sua própria historicidade e do seu papel social. Reafirmamos a possibilidade de produzir conhecimento histórico nas fases iniciais do ensino fundamental, sem que sejamos obrigados a simplificar conteúdos e conceitos.

## 1.2 A problemática das identidades

A contemporaneidade, muitas vezes associada ao processo correntemente denominado de *globalização*, caracteriza-se pela imensa dificuldade de estabelecimento de identidades fixas e permanentes. A avassaladora difusão de informações, que nos permite saber simultaneamente o que ocorre em todos os continentes, proporciona uma sensação de não pertencimento, de um sentir-se integrado a todos os lugares e, ao mesmo tempo, a lugar algum. O geógrafo David Harvey (1993, p. 240), em notável estudo sobre o mundo pós-moderno, assim discute essa questão:

> À medida que o espaço se encolhe para se tornar uma aldeia "global" de telecomunicações e uma "espaçonave planetária" de interdependências econômicas e ecológicas – para usar apenas duas imagens familiares e cotidianas – e à medida que os horizontes temporais se encurtam até ao ponto em que o presente é tudo que existe, temos que aprender a lidar com um sentimento avassalador de compressão de nossos mundos espaciais e temporais.

A sensação de pertencer a uma dada localidade é certamente uma das primeiras formas de identidade conhecidas pelo homem. Atualmente, essa tensão entre global e local constitui-se em um dos temas centrais do processo de ensino-aprendizagem de História nos primeiros anos do ensino fundamental. É desafiante para o professor tornar perceptível aos alunos desta fase as diversas identidades que podem assumir: familiar, escolar, de lazer, de origem local etc., "assim como as articulações desses grupos com a sociedade em que se encontram inseridos: a níveis local, nacional e mundial" (Menezes; Silva, 2007, p. 219).

O fio condutor que se propõe aqui para as reflexões em torno da identidade nas aulas de História dos anos iniciais é a MEMÓRIA. Considerando suas múltiplas possibilidades, tanto individuais quanto coletivas, acreditamos que o trabalho com a memória possa fazer com que os alunos articulem cognitivamente a paisagem da cidade e da localidade em que vivem, suas próprias experiências sociais e de vida, suas lutas e contradições cotidianas, bem como experiências e lutas de outras épocas. A memória se torna, assim, "um elemento essencial do que se costuma chamar identidade, individual ou coletiva, cuja busca é uma das atividades fundamentais dos indivíduos e das sociedades de hoje, na febre e na angústia" (Le Goff, 1990, p. 476). A utilização da memória para o ensino de História é, hoje, sem dúvida, uma possibilidade bastante promissora:

> Se o conhecimento histórico é indispensável na construção de identidade, sob o ponto de vista pedagógico-didático é importante ter em conta o tratamento da memória longa das populações, que nos permite explicar diferentes ritmos de evolução, o estudo da memória coletiva de diferentes grupos de pertença, a pesquisa das memórias locais nos diferentes âmbitos de durações, a reabilitação da memória do trabalho, numa sociedade ocidental que sempre ignorou ou desprezou o trabalho manual, e a memória do tempo curto do acontecimento, que caracteriza o estudo da história do século XX. (Proença, 1990, p. 24)

Por meio dos registros de memórias, podemos penetrar no universo de experiências – silenciadas ou não –; problematizar as várias histórias lidas, a partir dos seus diversos agentes e sujeitos; provocar tensões entre estruturas e ações individuais. Podemos, portanto, "recuperar a vivência pessoal e coletiva de alunos e professores e vê-los como participantes da realidade histórica, a qual deve ser analisada e trabalhada, com o objetivo de convertê-la em conhecimento histórico" (Schmidt; Garcia, 2005, p. 300). E registros dessa memória podem se encontrar em pequenos objetos e fragmentos com os quais talvez pouco nos importemos, mas que são:

> antetextos de nossas existências. Encontramos aí passagens de avião, tíquetes de metrô, listas de tarefas, notas de lavanderia, contracheques; encontramos também

*velhas fotos amareladas. No meio da confusão, descobriríamos cartas: correspondências administrativas e cartas apaixonadas dirigidas à bem-amada, misturadas com cartões postais escritos num canto de mesa longe de casa, ou ainda, com aquele telegrama urgente, anunciando um nascimento. Entre a papelada faríamos achados: poderia acontecer de esbarrarmos com nosso diário de adolescência ou ainda com algumas páginas manuscritas intituladas "Minhas lembranças de infância".*
(Artières, 1998, p. 9)

A memória nasce do esforço de reabilitação, da interdição do esquecimento e da busca de registros que nos situem como pertencentes a um percurso histórico. Isso se evidencia nas comemorações e nas celebrações de datas importantes. Admite-se, como pressuposto da necessidade da memória, que lembrar, fazer presente ou recapitular são ações que conferem sentido às vidas dos sujeitos históricos. Por isso, a memória é uma arma de combate tão prestigiada contra as ameaças do esquecimento. Ela ajuda a resgatar aquelas verdades múltiplas, distorcidas, fragmentadas, mas genuínas.

Acreditando que o recurso à memória possibilite a construção e a consolidação das diversas identidades que os alunos carregam, não podemos ainda deixar de apontar algumas observações importantes. As relações entre memória e história sempre foram complexas, cheias de encontros e desencontros. E há perigos latentes no trato com os fragmentos da lembrança:

> *A memória, às vezes, nos trai. Aparentemente não registra ou não quer registrar o que ocorreu, mas vai construindo uma ideia aproximada deste acontecer. Com isso se recuperam formas primitivas da história, como são o mito, com sua própria lógica interna e a crônica, cuja propriedade, nem sempre a qualidade, relata os fatos do ponto de vista de interesses concretos ou específicos.* (Meyer, 2009, p. 33)

Como os dados produzidos pela memória são trabalhados e reelaborados pelo historiador? De que forma essa avalanche de sentimentos, emoções e registros passionais, presentes nos resíduos memorialísticos, ganham sentido e se transformam em uma narrativa histórica?

Com essas perguntas, podemos observar que não existe uma correspondência direta entre o discurso da memória e o discurso historiográfico, isto é, entre o registro de uma experiência e sua transformação em obra de história.

Jacques Le Goff (citado por Bittencourt, 2004, p. 170) já nos alertava que a história "consiste na escolha de um objeto, operação que pode dar-se a partir de evocações de lembranças".

O trabalho de pensar historicamente, desenvolvido em sala de aula por estudantes e professores, não pode tomar como verdades consolidadas os inúmeros lugares e registros de memória. Há a necessidade de cruzamento com o maior número possível de fontes, de reordenação deste passado rememorado, criando periodizações e discutindo as durações. E, ainda, e talvez mais importante, devemos nos indagar sobre as razões pelas quais esses fragmentos de memória foram produzidos, ou seja: os motivos da lembrança. E os silêncios? E os elementos não visíveis ou não ditos pelas memórias? As lembranças provocam sensações, empatias, emoções que podem produzir entre nós um forte sentimento de solidariedade ou de identificação com os objetos ou pessoas lembrados. Porém, não podemos ignorar que o ofício do historiador e do professor precisa se fundamentar em regras e normas de pesquisa, um conjunto de conceitos e de métodos capazes de nos orientar em nossas investigações. Em suma, somos impelidos constantemente a nos utilizarmos de nossos instrumentos de análise e interpretação. Para as primeiras séries da formação escolar, estimular o contato com as memórias pode ser um passo de extrema importância para que os alunos possam perceber a historicidade do mundo e as suas próprias identidades, mas sempre nos lembrando de que as memórias são ponto de partida e não de chegada.

## 1.3 O trabalho com eixos temáticos

A superação da ênfase na memorização e no reconhecimento de nomes e fatos tem sido um dos desafios para inúmeros estudiosos do ensino de História. Diversas propostas estão sendo produzidas com o objetivo de oferecer saídas para os longos programas, para as aulas arrastadas e extensamente expositivas e para avaliações que valorizam o acúmulo de informações por parte dos estudantes. Entre essas propostas, vem ganhando relevo a ideia de conduzir as aulas a partir de um problema histórico específico que possa dar sentido aos conteúdos ensinados, "despertando o interesse dos estudantes e criando condições para que a reflexão crítica seja o objetivo central do trabalho em História" (Mattos, 1998, p. 120).

As inúmeras possibilidades de trabalho a partir de temáticas diversificadas foram conquistas significativas da historiografia dos *Annales*, que, a partir do final da década de 20 do século passado, iniciaram uma profunda reformulação dos estudos históricos, rompendo com o paradigma dito *positivista* que enfatiza a história política e seus tradicionais objetos: os grandes sujeitos e os grandes eventos. Marc Bloch, Lucien Febvre, Fernand Braudel e as gerações posteriores ampliaram significativamente o campo de atuação dos historiadores, chamando a atenção para temas como o cotidiano, o meio geográfico, os modos de sentir e pensar, a infância, os excluídos, entre outros, e estenderam os contatos em relação a outros domínios do conhecimento, como a antropologia, a economia e a sociologia, além de introduzirem novos conceitos, como LONGA DURAÇÃO, CULTURA MATERIAL e UTENSILAGEM MENTAL. A abertura para a história temática sugere novos direcionamentos ao ensino de História nas fases iniciais, conforme atesta Antonio Terra de Calazans Fernandes (citado por Silva, 2009, p. 7):

> *Essa linha de abordagem tem repercutido na escolha dos conteúdos dos programas curriculares das primeiras séries do primeiro grau, onde tem sido estabelecido que o professor deve trabalhar, na sequência, a história de vida da criança... a história da sua família... a história do seu Estado... a história do seu país, distribuindo-as na sequência ordenada das séries, na hipótese da garantia de uma ampliação da compreensão da complexidade histórica, que parta do mundo individual para o mundo coletivo. Nessa sequência, assim, considera-se que, para introduzir a criança nos estudos históricos, é importante que ela, gradativamente, distancie-se de uma visão ainda centrada em si e seja introduzida, primeiramente, nas questões pertinentes ao mundo mais próximo fisicamente que a cerca, como se esse mundo, que povoa a sua imaginação, substanciado na cultura e na história, não extrapolasse a dimensão local e a divisão política dos espaços.*
>
> *Nessa linha de pensamento – onde muitas vezes o professor não tem consciência que está assumindo – deixa-se de considerar o fato que as pessoas, desde que nascem, vivem interações, com um mundo cultural extremamente complexo* [sic]*.*

O ensino temático deve proporcionar a aproximação entre os conteúdos e as realidades distintas dos estudantes. Pode-se pensar na problematização do tema "trabalho" em uma turma noturna, composta majoritariamente de alunos trabalhadores. Do mesmo modo, "imigração" pode ser o mote para interessantíssimas discussões históricas para uma turma de alunos oriundos de famílias imigrantes nordestinas. É importante não perder de vista que a problematização ou tematização da aula não significa o abandono dos conteúdos mais tradicionais. "Os temas só ganham sentido quando inseridos na discussão dos processos históricos, ou seja, quando referenciados no tempo e na dinâmica das sociedades" (Mattos, 1998, p. 121).

O trabalho com temas ou projetos específicos será, todavia, infrutífero caso as aulas continuem sendo meramente expositivas e tendo o professor como seu protagonista. É importante que o seu papel seja redefinido: em vez do detentor absoluto do conhecimento, da autoridade intelectual incontestável, o professor deve assumir a função de orientador das atividades a serem desenvolvidas, com base na definição dos eixos temáticos a serem trabalhados.

Os Parâmetros Curriculares Nacionais (PCN), de 1997, definiram os seguintes eixos temáticos no chamado I *Ciclo*: HISTÓRIA LOCAL E DO COTIDIANO para as séries iniciais e HISTÓRIA DAS ORGANIZAÇÕES POPULACIONAIS para as séries finais. Algumas considerações sumárias serão realizadas abaixo com o objetivo tão somente de encaminhamento para as ações no contexto da sala de aula.

As noções de *história local* e de *cotidiano* devem envolver necessariamente um trabalho que parta da realidade presente dos alunos em suas articulações sociais, políticas, econômicas e culturais com os demais membros da comunidade em que vivem. As histórias familiares fornecem subsídios indispensáveis para a apreensão dos hábitos e costumes em seus estágios de mudança e permanência. Também oferecem o ponto de partida para que os estudantes percebam-se, ainda que preliminarmente, como constituintes de um processo histórico que sofre alterações e continuidades. Em um momento seguinte, podemos:

> *ampliar com os estudos sobre o modo de viver de outros grupos de sua localidade no presente e com estudos sobre o passado da localidade e a percepção das mudanças e permanências, diferenças e semelhanças, o que permitiria a identificação de formas*

*de viver e trabalhar de grupos sociais diferentes no mesmo espaço de vivência dos alunos em diferentes tempos*. (Neves, 2005, p. 20-21)

O recurso à história oral pode, nesta fase, ser um instrumento metodológico bastante útil. A utilização das entrevistas como fonte historiográfica tem experimentado, recentemente, desdobramentos importantes e algumas instituições, como o Centro de Pesquisa e Documentação de História Contemporânea do Brasil (CPDOC), da Fundação Getúlio Vargas, possuem acervos com depoimentos valiosos para os pesquisadores. Os estudantes das fases iniciais podem se valer das entrevistas como forma de reconstruir suas histórias familiares, além da possibilidade de que outras pessoas possam falar sobre a vida da comunidade, seus hábitos passados, suas lembranças, suas experiências e os seus fatos mais significativos. Em outra parte deste livro, teremos a oportunidade de analisar com mais cuidado algumas perspectivas e problemas da utilização das fontes orais pelos professores e estudantes.

Estamos diante de uma proposta de tratamento do local como realidade histórica construída que exige, a todo momento, uma atitude pesquisadora por parte dos estudantes. Devem ser incentivadas a busca, a produção e a coleta de diferentes tipos de fontes históricas, como entrevistas, livros, registros paroquiais, músicas, imagens, fotografias e mapas. Essas informações contribuem para o entendimento de como a localidade foi no passado, das suas mudanças e suas continuidades, dos seus projetos realizados, dos que foram apenas idealizados e dos seus personagens anônimos.

A localidade assim historicamente tratada deve ser articulada ao cotidiano. A inserção dessa nova temática relaciona-se a um conjunto mais amplo de reflexões sobre a noção de tempo histórico (Reis, 2006, p. 179-206), articulando as diversas temporalidades e seus diversos agentes que, em seu cotidiano, lutam para a preservação ou transformação da realidade atual, mas que podem, também, produzir fissuras nas estruturas sociais tidas como de mais longa duração. A ideia fundamental é que os alunos das séries iniciais possam perceber a plena historicidade dos seus atos, capazes não apenas de modificar os aspectos mais imediatos do seu cotidiano como de provocar mudanças menos perceptíveis, com o surgimento de outros tempos e de novas histórias.

Não são simples as noções de distintas temporalidades históricas e o seu ensino nos anos iniciais deve ser acompanhado de alguns cuidados importantes.

Acostumados com o tempo métrico, linear, cronológico, os estudantes certamente apresentarão dificuldades primárias de entendimento a respeito dos modos diversos de representar o tempo, criados por diferentes sociedades históricas. Uma alternativa pode ser a realização de trabalhos que envolvam percepções mais simples sobre as diferentes perspectivas de tempo, como estudar os modos de medições do tempo e os calendários de diferentes culturas e sociedades ou relacionar um acontecimento com outros de tempos diversos e identificar os ritmos temporais nas atividades das pessoas e de grupos sociais e a sua simultaneidade (Neves, 2005, p. 22).

Essas propostas ainda não conheceram uma total difusão nas salas de aula. O recurso a uma abordagem localizada das experiências humanas no tempo esbarra na convicção de que essa postura pode reduzir o conhecimento histórico a um mero relato de fatos ocorridos em nível local. Essa é uma posição que precisa ser combatida. Ensinar história local pode ser o primeiro passo para que alunos das fases iniciais consigam se sentir pertencentes ao mundo histórico em sua mutabilidade e permanência. O sentido da historicidade pode ser mais aguçado mediante o contato com a vida de pessoas próximas e com os acontecimentos que dão sentido ao nosso arco espacial mais próximo. Estamos diante, portanto, de pontos de partida e não de fins.

## Síntese

Procuramos, neste capítulo, debater o papel do ensino de História nos anos iniciais da formação escolar do aluno. Primeiramente, identificamos uma certa concepção de ensino de História que valorizava, preferencialmente, os grandes eventos e personagens e que tinha na memorização a sua principal característica de aprendizagem. A abordagem da história nos anos iniciais da formação discente deve, em nossa avaliação, ultrapassar o ensino cronológico e factual. Duas perspectivas são bastante promissoras nesse sentido. A primeira delas versa sobre os diversos processos sociais que formam as identidades dos alunos. Em um mundo cada vez mais moldado pela dinâmica da globalização, a construção de identidades caminha lado a lado com o desenvolvimento da sensibilidade histórica. A percepção de que pertencemos a uma coletividade local ou mesmo a um grupo familiar requer também a percepção da historicidade dessas formas de identidade, suas permanências e rupturas. Por isso, enfatizamos o papel da memória, advertindo, contudo, para o risco de tomá-la como expressão fiel do vivido. A segunda perspectiva trata da chamada *história local*, entendida aqui como uma das formas primárias de contato dos estudantes das fases iniciais com sua historicidade. Uma das práticas interessantes que podem ser desenvolvidas com estudantes das primeiras séries é o incentivo à coleta de todo tipo de documento que trate da história do local em que vivem, dando importância também às entrevistas orais com membros mais velhos das comunidades.

## Indicações culturais
### MUSEUS E ARQUIVOS MUNICIPAIS

O despertar da consciência histórica entre os estudantes das fases iniciais pode ser estimulado – e complementado – por algumas referências culturais significativas que, longe de funcionarem como meras "ilustrações" das aulas, devem ser pontos de partida para novas indagações e problemas. Visitas a museus sempre são valiosas para que os estudantes confrontem os materiais vistos com os textos didáticos que utilizam em sala de aula. Para o contato com a história local, é importante também que os alunos conheçam os arquivos municipais ou instituições que abriguem documentos históricos locais.

### Livros

PARMUK, O. Istambul: memória e cidade. São Paulo: Companhia das Letras, 2007.

Ainda referente à história local e sua importância como via de compreensão da historicidade, é recomendável a leitura de obras literárias que tratem do tema. Sugerimos aqui *Istambul: memória e cidade*, do escritor Orhan Parmuk, vencedor do Prêmio Nobel de Literatura de 2006. O livro é um comovente e emocionante relato de Istambul, antiga capital do poderoso Império Otomano. Merece destaque a abordagem afetiva sobre os escritores turcos e europeus que, nos séculos XIX e XX, analisaram a paisagem cultural daquela cidade.

AMADO, J. TERRAS DO SEM FIM. São Paulo: Companhia das Letras, 2008 (Coleção Jorge Amado)
Outra obra que destacamos é *Terras do sem fim*, de Jorge Amado (publicada originalmente em 1943), que retrata os conflitos entre trabalhadores e coronéis numa região de plantio de cacau, na Bahia da década de trinta do século passado.

LADURIE, Emanuel Le Roy. OS CAMPONESES DE LANGUEDOC. Lisboa: Estampa, 1997.
Apesar de ser uma obra de historiador, *Os camponeses de Languedoc*, de Emanuel Le Roy Ladurie, narra com intenso brilho literário a vida dos camponeses da aldeia de Languedoc, enfocando com leveza a vida material, a demografia e as hierarquias sociais da região.

## FILMES

O QUATRILHO. Direção: Fábio Barreto. Produção: Filmes do Equador; Luiz Carlos Barreto Produções Cinematográficas Ltda. Brasil: Rio Filme, 1994. 120 min.

DOGVILLE. Direção: Lars Von Trier. Produção: J&M Entertainment et al. França: Lions Gate Entertainment; California Filmes, 2003. 177 min.
Sobre as contradições e tensões da vida em localidades pequenas, destacamos esses dois filmes. O *quatrilho*, dirigido por Fábio Barreto, narra o cotidiano de uma comunidade de imigrantes italianos do Rio Grande do Sul a partir da vida de dois casais de amigos. O impactante *Dogville*, do diretor Lars Von Trier, mostra os conflitos produzidos pela chegada de uma forasteira a uma conservadora e hipócrita comunidade norte-americana.

## ATIVIDADES DE AUTOAVALIAÇÃO

1) O contexto de surgimento de uma historiografia brasileira, no início do século XIX, está relacionado:
   a) ao aparecimento do Iluminismo, com sua crença na existência de uma história universal da razão, livre dos dogmas religiosos.

b) ao contexto de construção da nossa nacionalidade a partir da independência, com a valorização da herança colonizadora lusitana.
c) à forte influência das academias inglesas de História, fato explicável pelo apoio britânico ao Brasil nas guerras de independência contra Portugal.
d) à emergência de um amplo movimento abolicionista, que dotou a historiografia brasileira de uma perspectiva de valorização da miscigenação.

2) A proclamação da República reorganizou as relações entre nacionalidade e ensino de História, pois:
a) reverteu o modelo de ensino de História, tornando-o ainda mais vinculado à religião, em virtude de o catolicismo permanecer como religião oficial do Estado.
b) assegurou para o espaço das universidades recém-criadas o privilégio de elaboração da nossa história oficial, relegando o IHGB para segundo plano.
c) garantiu uma maior valorização historiográfica das nossas raízes lusitanas, fato que não ocorrera com a historiografia produzida no início do século XIX.
d) defendeu uma ampliação da educação histórica escolar, não mais restrita aos filhos da elite, para ampliar os laços entre os cidadãos e o Estado.

3) No trabalho com o ensino de História nas séries iniciais, a utilização da ideia de MEMÓRIA pode ser uma estratégia importante, uma vez que:
a) estabelece uma vinculação direta entre passado e presente, favorecendo o cultivo, entre os estudantes, de uma noção de linearidade histórica.
b) fornece uma percepção mais direta do pesquisador a respeito dos personagens do passado, cujas memórias são mais confiáveis do que as fontes escritas tradicionais.
c) permite criar, entre os alunos, um sentido de identidade entre suas vivências e as dos homens no passado, identidade esta formulada pelo presente.

d) estimula a formulação de uma imagem fixa e definida do passado, indispensável para a comparação com nosso presente acelerado e em constante transformação.

4) Com relação ao trabalho com eixos temáticos – uma das questões mais debatidas no ensino de História –, é possível considerar que:
a) os eixos apontam para uma perspectiva teórica que defende a ideia de uma história universal fragmentada em diversos campos ou temas, com grande ênfase à memorização.
b) a utilização dos eixos temáticos concilia-se com a noção de um saber histórico cada vez mais vertebralizado em conceitos, correntes e objetos.
c) um dos eixos mais trabalhados – a HISTÓRIA LOCAL – tem como ponto de partida a adoção de quadros explicativos gerais para que, em seguida, os alunos possam entender os aspectos locais. Parte-se, portanto, do geral para o particular.
d) a adoção dos eixos temáticos, que se generaliza nos currículos escolares, tem como pressuposto teórico básico a historiografia positivista e sua ideia de história linear.

5) Ensinar História a partir de distintas noções de temporalidade é ainda um desafio para os professores, que pode ser percebido mais adequadamente:
a) pela presença, ainda forte entre os alunos, de apenas uma noção de tempo, marcadamente cronológico.
b) pela quase inexistência de livros teóricos sobre o tema da temporalidade histórica. As referências mais comuns são ainda dos anos de 1970.
c) pelo crescimento das abordagens temáticas, que privilegiam a noção de um tempo métrico e linear
d) pelo predomínio, nas universidades – formadoras dos professores de ensino básico –, de concepções ligadas ao positivismo inglês, que enfatiza o tempo cronológico.

# Atividades de aprendizagem
## Questões para reflexão

1) Quais os principais limites e problemas do ensino de História nos anos iniciais do ensino fundamental?

2) De que forma a problemática das identidades pode ser importante para o ensino de História nas séries iniciais?

## Atividades aplicadas: prática

1) Realize uma pesquisa em documentos familiares, com o objetivo de reconstruir a composição das sucessivas gerações. Esta atividade propiciará um primeiro contato do estudante com a História de escala reduzida.

2) Faça a leitura e o fichamento do texto História local e história oral, de Raphael Samuel, publicado em 1990 pela Revista Brasileira de História. O texto pode ser encontrado no site da Associação Nacional de História (Anpuh), no link: <http://www.s2.anpuh.org/revistabrasileira/view?ID_REVISTA_BRASILEIRA=22>.
Trata-se de um texto fundamental para a compreensão dos debates e questões mais atuais sobre a história local.

Ricardo Azoury

# Parâmetros Curriculares Nacionais (PCN) e o ensino de História

Em um país de forte tradição intervencionista do Estado na organização dos diversos níveis de educação, é de grande importância dedicarmos um capítulo ao exame dos documentos oficiais e seus impactos no processo de ensino-aprendizagem em História. Os PCN, publicados a partir de 1997, são o alvo da nossa análise. Acreditamos que esse documento apresenta importantes inovações, resultantes do amadurecimento das reflexões historiográficas mais recentes. Por outro lado, contêm, também, a nosso ver, contradições e problemas que precisam ser debatidos por professores e estudantes. Longe de propormos um balanço exaustivo do tema, pretendemos tão somente assinalar os pontos positivos e negativos desses textos governamentais, com o objetivo de levar adiante o sempre atual debate a respeito da adequação das normatizações oficiais à realidade escolar e ao cotidiano de professores e alunos.

## 2.1 Contexto histórico e os avanços contemplados nos PCN

A partir do início da década de 1980, emergem diversos projetos de reformas curriculares em relação direta com o processo de transição da ditadura civil--militar para o período democrático. Nessa lógica, os governos estaduais, após 1982, promoveram longas discussões e debates a respeito dos currículos mínimos, estabelecidos pela Lei de Diretrizes e Bases da Educação – LDBEN, Lei nº 5.692, de 11 de agosto de 1971 (Brasil, 1971). A principal crítica que então se fazia a esses programas era a centralização das tomadas de decisão sobre a escola. Atribuía-se aos Conselhos Federal e Estadual de Educação a definição do núcleo comum e das suas diversificações, respectivamente. Dessa forma, os professores sentiam-se excluídos do processo de construção dos currículos de História, visto, na maioria das vezes, como pacotes prontos a serem utilizados nas escolas. De acordo com Marcelo Magalhães (2006, p. 50-51):

> As reformulações curriculares dos anos 1980 e 1990 tentaram romper com a ideia de impor um 'pacote' diretivo à escola. Em função disso, as Secretarias de Educação procuraram construir suas propostas pela via do diálogo com os professores da rede, através de reuniões e de escolhas de representantes docentes. Essa mudança foi significativa, já que o professor, em alguns casos, deixou de ser entendido apenas como transmissor de conhecimento e passou a desempenhar o papel de coautor, apesar da impossibilidade de mobilizar todos os docentes.

Os PCN são resultado direto desse clima de renovação pedagógica e de expectativas quanto a uma educação mais cidadã, favorecidas pela abertura política e pela redemocratização. No contexto dessas esperanças reformistas, o Ministério da Educação publicou os PCN de 1ª a 4ª séries, em 1997, de 5ª a 8ª séries, em 1998, e de ensino médio, em 1999, além dos PCN + (Orientações Educacionais Complementares aos Parâmetros Curriculares Nacionais), em 2002. Os trechos abaixo, retirados da LDBEN que se seguiu à de 1971, Lei nº 9.394, de 30 de dezembro de 1996 (Brasil, 1996), representam as direções e concepções fundamentais que informam o ensino de História no Brasil, a partir das decisões tomadas pelo governo federal, e que se tornarão as bases fundadoras dos PCN da nossa disciplina:

> Art.26. Os currículos do Ensino Fundamental e Médio devem ter uma base nacional comum, a ser complementada em cada sistema de ensino e estabelecimento escolar, por uma parte diversificada, exigida pelas características regionais e locais da sociedade, da cultura, da economia e da clientela.
> Parágrafo 4º O ensino de História do Brasil levará em conta as contribuições das diferentes culturas e etnias para a formação do povo brasileiro, especialmente das matrizes indígenas, africana e europeia. (Brasil, 1996, citado por Fonseca, 2003, p. 32)

O fim do período militar assinala ainda o crescimento das demandas de grupos minoritários, em relação aos quais o processo de ensino-aprendizagem em

História não poderia deixar de oferecer uma resposta. Assim, surgem reivindicações cada vez maiores e mais elaboradas de homossexuais, negros e mulheres, entre outros, reforçando a tendência de renovação da historiografia, ao mesmo tempo em que proporciona aos professores e educadores novos elementos de análise e abordagem nas salas de aula por todo o Brasil. Os PCN apontam para a efetivação de uma dupla preocupação: se, por um lado, eles devem explicitar quais elementos da cultura nacional devem ser objetos do aprendizado escolar, por outro, procuram reforçar a inclusão da diversidade cultural, como fica claro no trecho abaixo:

- *Conhecer e respeitar o modo de vida de diferentes grupos sociais, em diversos tempos e espaços, em suas manifestações culturais, econômicas e políticas, reconhecendo diferenças e semelhanças entre eles;*
- *Reconhecer mudanças e permanências nas vivências humanas presentes em sua realidade e em outras comunidades, próximas ou distantes no tempo e no espaço;*
- *Valorizar o patrimônio sociocultural e respeitar a diversidade, reconhecendo-a como um direito dos povos e indivíduos e como elemento de fortalecimento da democracia.* (citado por Fonseca, 2003, p. 32-33)

Os PCN apresentam, portanto, a função de estabelecer diretrizes nacionais para o ensino praticado nas escolas brasileiras, tendo como pressuposto o respeito pelas identidades regionais, culturais e políticas existentes no país. Desse modo, propõem criar condições que permitam aos jovens a aquisição de um conjunto de conhecimentos socialmente elaborados e necessários para o exercício da cidadania e do espírito crítico. Para os seus defensores, os PCN não devem ser vistos como uma proposta fechada, um "pacote" a ser seguido por todos, sendo apenas referenciais que

*reforçam a importância de que cada escola formule seu projeto educacional, compartilhado por toda a equipe, para que a melhoria da qualidade da educação resulte da corresponsabilidade entre todos os educadores. [...] Por sua natureza aberta, configuram uma proposta flexível, a ser concretizada nas decisões regionais e locais sobre currículos e sobre programas de transformação da realidade educacional [...] Não configuram, portanto, um modelo curricular homogêneo e impositivo.* (Brasil, 1997, p. 7-10)

As propostas renovadoras no âmbito do ensino de História são também tributárias dos desdobramentos dos debates historiográficos a partir dos anos 1980. A influência essencial, nesse ponto, é, sem dúvida, da Nova História, movimento intelectual francês que remonta à década de vinte do século passado e que propôs uma ampla reformulação no ofício do historiador. Novos objetos, novos métodos e novas abordagens vieram substituir os tradicionais enfoques nos grandes personagens e nos grandes acontecimentos. O restante da humanidade aparecia em um papel secundário, pois não participava dos maiores eventos, especialmente aqueles ligados à natureza do Estado Nacional. Ao contrário, a renovação historiográfica levada a cabo pela Nova História enfatizou a importância da "história vista de baixo", colocando em primeiro plano as mulheres, os homossexuais, as minorias étnicas, as crianças etc. As pessoas comuns e suas experiências de mudança emergem ao lado de temáticas pouco usuais, como as imagens, as mentalidades, as práticas sexuais e religiosas menos ortodoxas, as festas e a alimentação, entre outras. Tornou-se forçoso reconhecer que a cultura não é um campo homogêneo e monolítico, mas complexo, múltiplo, diversificado e descontínuo. Os estudos que se situam nessa nova perspectiva vieram contestar as formas tradicionais, androcêntricas e eurocêntricas de narrar os acontecimentos sociais, respeitando as diferenças sexuais, étnicas, religiosas e regionais que marcam a convivência humana em seus múltiplos níveis e práticas. Assim, de acordo com Susane R. Oliveira (2009, p. 3):

> A *história tradicional que colocou no centro dos processos históricos o homem branco ocidental, heterossexual, cristão e de classe média, passa a ser desafiada e contestada. Portanto, muito mais do que o sujeito histórico, o que passa a ser questionado é toda uma noção de cultura, educação, história e ciência que esteve associada a esta identidade em posição privilegiada em torno da qual tudo devia gravitar.*

Os PCN avançaram em questões significativas no conjunto de práticas que envolvem o processo de ensino-aprendizagem em História. Emergiram em um contexto de debates a respeito da democratização dos mecanismos de elaboração de propostas curriculares e da incorporação de grupos sociais antes negligenciados pelas formas tradicionais de abordagem do passado. Nesse sentido, os PCN sinalizam, sem dúvida, um rompimento importante em relação à excessiva ênfase na cronologia e nos grandes acontecimentos, em prol de uma concepção de processo histórico em que se destacam o cotidiano, a realidade local e os vínculos estabelecidos com a vivência dos alunos, as mentalidades e o imaginário. Produziu-se também uma percepção mais alargada a respeito do dinamismo do processo de ensino-aprendizagem, não mais visto como um conjunto de materiais e informações inertes a serem absorvidos pelos alunos. As abordagens mais recentes sobre o currículo escolar têm se caracterizado pela sua "dessacralização", apontando para os condicionamentos sociais, econômicos, políticos e culturais que produzem efeitos sobre a sua elaboração. Os elementos antes tidos como naturais ou mesmo neutros das propostas curriculares são colocados em perspectiva histórica, desvelando-se seus pressupostos ideológicos mais ou menos implícitos. O pensamento crítico, dessa forma, não pode render-se ao formalismo curricular, aos seus conteúdos, propostas e metodologias. Afinal, o que está em jogo na elaboração dos currículos escolares de História nada mais é do que a definição de quais conhecimentos e conteúdos da cultura comum merecem ser transmitidos. As aproximações com as formulações da Nova História são evidentes, como atesta o fragmento abaixo:

> As propostas curriculares passam a ser influenciadas pelo debate entre as diversas tendências historiográficas. Os historiadores voltaram-se para a abordagem de novas problemáticas e temáticas de estudo, sensibilizados por questões ligadas à história social, cultural e do cotidiano, sugerindo possibilidades de rever no ensino fundamental o formalismo da abordagem histórica tradicional.
>
> A história chamada "tradicional" sofreu diferentes contestações. Suas vertentes historiográficas de apoio, quer sejam o positivismo, o estruturalismo, o marxismo ortodoxo ou o historicismo, produtoras de grandes sínteses, constituidoras de macrobjetos, estruturas ou modos de produção, foram colocadas sob suspeição. (Brasil, 1997, p. 8)

No mesmo sentido, os PCN para o ensino médio falam na

> História, que deverá estar presente também enquanto História das Linguagens e História das Ciências e das Técnicas, não na perspectiva tradicional da História Intelectual, que se limita a narrar biografias de cientistas e listar suas invenções

e *descobertas*, mas da Nova História Cultural, que enquadra o pensamento e o conhecimento nas negociações e conflitos da ação social. (Brasil, 1999, p. 9)

Se não há dúvidas de que a construção de um pensamento histórico crítico entre os estudantes demanda a desconstrução de discursos e documentos oficiais, não é forçoso daí considerar serem os PCN simples textos normativos descolados da realidade. É importante reconhecer que incorporaram importantes discussões acadêmicas, bem como conseguiram captar a emergência de significativas transformações sociais. Nesse sentido, análise crítica e eventuais incorporações de documentos oficiais não são procedimentos intelectuais conflitantes.

## 2.2 Problematizando os PCN

É importante termos em conta outros aspectos da constituição dos PCN. A organização dos currículos em História faz parte de um esforço maior do Ministério da Educação, durante a administração Fernando Henrrique Cardoso, de elaborar diretrizes que sinalizassem para um maior planejamento do conjunto da educação brasileira. Como em outros grandes projetos de reorganização da educação brasileira, os PCN suscitaram intensas disputas entre aqueles que indicavam as inovações trazidas pelos documentos oficiais e os que advertiam contra a interferência cada vez maior de organismos financeiros internacionais, como o Banco Mundial, na elaboração das políticas educacionais públicas. No processo decisório, foi importante a atuação da Câmara de Educação Básica (CEB), que emitiu pareceres e aprovou resoluções sobre as diretrizes para a educação infantil, o ensino fundamental, o ensino médio, a educação profissional de nível técnico e a formação de docentes, em nível médio, na modalidade presencial.

Nos textos, destacam-se as recomendações sobre o desenvolvimento das habilidades e competências de aprendizagem. Defende-se a ideia de que muito mais importante do que assimilar conteúdos é a criação de um espírito crítico e investigativo, ou seja: do desenvolvimento de procedimentos que permita ao aluno aprender a conhecer. Pouco se diz especificamente dos conteúdos históricos que devem ser alvo do trabalho do professor. São as habilidades e competências os requisitos essenciais que se deve exigir dos estudantes, o que se traduz efetivamente nos principais instrumentos de avaliação utilizados pelo Ministério da Educação, como o Exame Nacional do Ensino Médio (Enem).

Alguns autores denunciaram o pequeno envolvimento do conjunto da sociedade com a elaboração dos PCN. A pressa do governo em aprovar o documento teve como contrapartida o silêncio de diversos setores, incluindo aí as universidades. Apesar da ênfase dos PCN na pluralidade e na flexibilidade, o processo de elaboração foi marcado por forte centralização e sentido de hierarquia, o que acabou se traduzindo no próprio documento, quando este afirma ser ele próprio o primeiro "nível de concretização", ou seja, a referência primária a ser seguida por todas as escolas, professores e estudantes do Brasil[1]. A contradição aqui parece bastante evidente: recomendam-se a abertura pluralista e o contato com as diversas formas de pensar e sentir relativas aos diversos grupos sociais enquanto se estabelece uma relação vertical entre os documentos governamentais e as ações de professores, alunos e escolas:

> *Rediscute-se hoje, ou melhor, elaboram-se, nas instituições do poder central, parâmetros curriculares nacionais e conteúdos mínimos para todo o país. Estamos assistindo a uma retomada da centralização da educação que alija da discussão os seus principais sujeitos: os alunos e professores, vistos como objetos incapacitados de construir sua história e de fazer, em cada momento da sua vida escolar, seu próprio saber.* (Abud, 2005, p. 40)

Costuma-se questionar também se a perspectiva multicultural não estaria favorecendo o surgimento de determinadas concepções do conhecimento histórico que parecem tudo relativizar e aceitar. Se todos os grupos devem ser estudados, se suas histórias particulares merecem ser consideradas e se não

---

[1] O "segundo nível de concretização" são as propostas curriculares de estados e municípios, desenvolvidas a partir do modelo geral dos PCN. O "terceiro nível de concretização" se situa na organização curricular de cada unidade escolar. Já o "quarto nível de concretização" diz respeito ao momento da realização das atividades de ensino e aprendizagem na sala de aula, momento em que o professor, segundo as metas estabelecidas na terceira fase, faz sua programação, adaptando-a às necessidades do grupo (Macedo Neto, 2009, p. 4).

possuímos o monopólio da verdade histórica, então podemos admitir que não existem critérios claros e delimitados sobre o que deve ser pesquisado ou ensinado. Esse é um dos pontos em que os PCN são criticados: na ânsia de contemplar todas as perspectivas de abordagens e todas as culturas particulares e localizadas, acabam caindo no perigo relativista e refletindo muito pouco sobre os processos conflitivos que estão na base da integração cultural no Brasil. Por outro lado, os documentos oficiais lidam com

> uma escola ideal, como situação de trabalho e como local de recursos humanos. Eles não relativizam a realidade e trabalham com a ausência de rupturas e resistências. As dificuldades e obstáculos presentes nos cotidianos das escolas estão ausentes dos textos. Os currículos e programas das escolas públicas, sob qualquer forma que se apresentem (guias, propostas, parâmetros), são produzidos por órgãos oficiais, que os deixam marcados com suas tintas, por mais que os documentos pretendam representar o conjunto dos professores e os "interesses dos alunos". E por mais que tais grupos reivindiquem participação na elaboração de instrumentos de trabalho, ela tem se restringido a leituras e discussões posteriores à sua elaboração. (Abud, 2005, p. 29)

O dilema apresentado pelos PCN se evidencia: ao mesmo tempo que reivindica – de forma correta – a atenção para os aspectos multiculturais e étnicos da formação da sociedade brasileira, parte de uma noção homogênea de ambiente escolar, em que os conflitos e as dificuldades de toda ordem – materiais, pedagógicos e sociais – são sistematicamente desconsiderados. A crítica abaixo é uma boa reflexão sobre esse problema:

> O ensino temático, ao contrário do "programático", parte de uma problematização da realidade social e histórica a ser estudada, tendo como referência o aluno real em sua vivência concreta. Ao estabelecerem os temas, a priori, e ao "sugerirem" os conteúdos, com profusão de detalhes, os PCN projetam um aluno ideal, em sua vivência virtual. O estudante brasileiro, subjacente nos PCN de História, é o jovem, na faixa etária prevista para o nível de ensino considerado, de classe média, que mora nos grandes centros urbanos e tem acesso aos recursos produzidos pela moderna tecnologia industrial. (Neves, 2000, p. 126)

As dificuldades oriundas da incompatibilização entre os textos oficiais e a realidade escolar são exemplares quando pensamos nas escolas de ensino médio no Brasil. Esse nível da vida escolar tradicionalmente oscilou entre a preocupação com uma formação de caráter mais generalista e a especialização técnica. Os PCN sinalizaram para o ensino médio um lugar próprio, distante daquele dualismo. Hoje em dia, o ensino médio parece não contemplar qualquer das duas perspectivas, ainda que permaneça a ideia de ser um lugar de passagem, que tende a ser ainda mais reforçada com a ampliação do acesso ao ensino superior nos últimos dez anos. Prova disso são os inúmeros cursinhos pré-vestibulares comunitários que procuram criar condições para que alunos carentes possam concorrer em condições mínimas com alunos oriundos de escolas particulares pelo acesso às principais universidades. De forma paradoxal, ao mesmo tempo que o governo FHC pretendeu, por meio dos PCN, valorizar o ensino médio, transformou o apoio aos cursinhos comunitários em política pública, mantendo assim a submissão à lógica da aprovação nos exames vestibulares.

A proposta dos PCN gira em torno dos eixos temáticos. Nos dois primeiros ciclos, o professor deve trabalhar, respectivamente, com HISTÓRIA LOCAL E DO COTIDIANO e HISTÓRIA DAS ORGANIZAÇÕES POPULACIONAIS. Nas terceira e quarta fases, que correspondem aos anos finais do ensino fundamental, os eixos escolhidos são HISTÓRIA DAS RELAÇÕES SOCIAIS, DA CULTURA E DO TRABALHO e HISTÓRIA DAS REPRESENTAÇÕES E DAS RELAÇÕES DE PODER. Nos dois primeiros ciclos, os conteúdos não são apresentados de forma que se possa estabelecer uma clara diferenciação em relação aos antigos currículos de Estudos Sociais, o que só passa a ocorrer nos dois últimos ciclos, que correspondem ao período que vai das antigas 5ª a 8ª séries. Apesar de os debates historiográficos mais recentes enfatizarem a necessidade da interdisciplinaridade, os PCN pouco avançam nas discussões sobre o papel da História para as demais ciências humanas. Esse é um ponto importante, uma vez que a proposta dos PCN de enfatizar as noções de identidade e cidadania envolve necessariamente o contato com os demais campos das humanidades. Sobre o problema das identidades, os PCN afirmam:

> O Ensino de História possui objetivos específicos, sendo um dos mais relevantes o que se relaciona à constituição da noção de identidade. Assim, é primordial que

*o Ensino de História estabeleça relações entre identidades individuais, sociais e coletivas, entre as quais se constituem como nacionais. Para a sociedade brasileira atual, a questão da identidade tem se tornado um tema de dimensões abrangentes, uma vez que se vive um extenso processo migratório que tem desarticulado formas tradicionais de relações sociais e culturais. Nesse processo migratório, a perda da identidade tem apresentado situações alarmantes, desestruturando relações historicamente estabelecidas, desagregando valores cujo alcance ainda não se pode avaliar. Dentro dessa perspectiva, o Ensino de História tende a desempenhar um papel mais relevante na formação da cidadania, envolvendo a reflexão sobre a atuação do indivíduo em suas relações pessoais com o grupo de convívio, suas afetividades e sua participação no coletivo.* (Brasil, 1997, p. 26)

A respeito da cidadania, eis o que dizem os PCN:

*Para se formar cidadãos conscientes e críticos da realidade em que estão inseridos, é necessário fazer escolhas pedagógicas pelas quais o estudante possa conhecer as problemáticas e os anseios individuais, de classes e de grupos – local, regional, nacional e internacional – que projetam a cidadania como prática e ideal; distinguir as diferenças do significado de cidadania para vários povos; e conhecer conceituações históricas delineadas por estudiosos do tema em diferentes épocas.* (Brasil, 1997, p. 32)

Inexiste nos PCN uma conceituação precisa de cidadania. O tema é discutido a partir de um tratamento histórico comparativo, destacando que, na atualidade, o problema não pode ser reduzido à participação política, mas deve ser pensado a partir da inclusão de novos direitos. No século XXI, a cidadania não pode ignorar questões como desemprego, segregação étnica e religiosa, particularidades culturais, preservação ambiental e do patrimônio histórico e ética nos meios de comunicação, entre outras. A cidadania supõe, dessa forma, um alcance para além da democracia política e "adquire novas dimensões, englobando os direitos sociais e os direitos humanos" (Magalhães, 2003, p. 177). A concretização de uma cidadania plena não pode ser separada de um conjunto amplo de mudanças sociais capazes de romper com nossa tradição de autoritarismo. Os PCN indicam os seguintes pontos a serem seguidos pela educação promotora de uma cidadania ativa:

■ *a dignidade da pessoa humana – "respeito aos direitos humanos, repúdio à discriminação, acesso a condições de vida digna e respeitos nas relações interpessoais";*
■ *a igualdade de direitos – "considerar o princípio da equidade, isto é, que existem diferenças (étnicas, culturais, regionais, de gênero, etárias, religiosas, etc.) e desigualdades (socioeconômicas) que necessitam ser levadas em conta para que a igualdade seja efetivamente alcançada";*
■ *a participação – "noção de cidadania ativa, isto é, da complementaridade entre a representação política tradicional e a participação popular no espaço público";*
■ *a corresponsabilidade pela vida social – "partilhar com os poderes públicos e diferentes grupos sociais [...] a responsabilidade pelos destinos da vida coletiva.* (citado por Magalhães, 2003, p. 177)

As formulações presentes nos PCN carregam algumas incertezas que colocam problemas importantes a todos os envolvidos com o processo de ensino-aprendizagem em História. A cidadania, em várias passagens, é interpretada como um processo histórico de ampliação dos direitos, ou seja: um processo em que cada vez mais as pessoas passam a ser tratadas como iguais. Estamos, portanto, falando de universalidade. Uma outra corrente aponta para o papel exercido pela chamada *discriminação positiva*, isto é, proclama-se o direito à diferença como elemento constituinte da cidadania. "Nesta política, as relações entre os indivíduos e os grupos ocorrem, para além do simples movimento de tolerância, através do absoluto reconhecimento das diferenças" (Magalhães, 2003, p. 179). Nos PCN é possível perceber a existência tanto da perspectiva de uma cidadania baseada na ampliação dos direitos de toda a comunidade cívica quanto na que se organiza em função do reconhecimento das diferenças. Essas duas posições não são situadas de forma incompatível nos textos oficiais, mas a execução pela via de uma educação histórica certamente provocará dificuldades conceituais e teóricas, ainda que, inegavelmente, amplie o debate sobre a problemática da cidadania. Igualdade e diversidade apresentam-se como noções pertencentes a diversos domínios das humanidades.

As reflexões sobre os documentos oficiais não podem esgotar-se na simples análise dos sentidos do texto. A importância do currículo ultrapassa o mero aspecto definidor e normatizador dos conteúdos a serem ensinados aos estudantes. Ele é peça indispensável do condicionamento do discurso escolar. Por meio dele, são elaboradas as principais diretrizes para as ações de controle social que ainda desempenham o papel de veicularem ideologias, propostas culturais e pedagógicas capazes de exercer grande impacto na realidade das escolas brasileiras. De acordo com Selva Guimarães Fonseca (2003, p. 37), devemos

> auscultar o currículo real reconstruído no cotidiano escolar. Nesse sentido, a linguagem dos professores, os exemplos que utilizam, suas atitudes com os alunos de diferentes culturas e níveis sociais, as relações entre os alunos, as formas de agrupá-los, as práticas de jogo e brinquedo fora da sala de aula, os estereótipos e preconceitos que são transmitidos nos materiais e o que é exigido nas avaliações constituem historicamente mecanismos de seleção e exclusão.

Os textos oficiais apresentam-se como definidores de propostas para uma escola idealizada, nas quais não se percebem as rupturas e resistências. Ou seja, as dificuldades cotidianas das escolas passam ao largo do texto. Os documentos governamentais guardam a marca do discurso oficial. São, ainda, difusores da ideologia, tal como a entende a filósofa Marilena Chaui (citada por Abud, 2005, p. 28):

> um corpus de representações e normas que fixam e preservam de antemão o que e como se deve pensar, agir e sentir, com a finalidade de produzir uma universalidade imaginária da qual depende a eficácia da ideologia para produzir um imaginário coletivo, no qual os indivíduos se localizem, identifiquem-se e assim legitimem involuntariamente a divisão social. A ideologia deve representar o real e a prática social através de uma lógica coerente.

Os currículos exercem influência sobre a conduta de alunos e professores e sobre o ambiente burocrático escolar, definindo metas, diretrizes e prazos. Por outro lado, eles configuram apenas um nível da seleção cultural. O processo de ensino-aprendizagem é mais amplo, complexo e diversificado do que qualquer documento possa expressar. A vida cotidiana e a prática escolar constroem uma série de processos, significados e sensibilidades que configuram aquilo que muitos estudiosos denominam de *currículo real*. É importante nos lembrarmos de que a escola não deve ser vista exclusivamente como um local de reprodução de saberes já consagrados, mas também como um espaço que produz e faz circular novos conhecimentos. Dessa forma, o universo escolar não pode ser reduzido a um mero reflexo das condições socioeconômicas vigentes ou das exigências ideológicas da classe dominante, mas deve ser visto como um local de trabalho que focaliza "os conflitos de classe e as formas culturais que exercem um papel contraditório não apenas na reprodução e na distribuição, mas também na produção de conhecimentos" (Fonseca, 2003, p. 34).

As perspectivas inovadoras de ensino temático e multicultural precisam ser acompanhadas de transformações nos processos de formação dos docentes. A necessidade principal, nesse ponto, é a continuidade da formação dos sujeitos pedagógicos, com ênfase na própria realidade do trabalho docente, no seu fazer cotidiano, pois ainda de acordo com a professora Selva Guimarães Fonseca:

> É na ação que os saberes do professor são mobilizados, reconstruídos e assumem significados diversos. Isso exige de nós, professores de história, sensibilidade, postura crítica, uma reflexão permanente sobre nossas ações, sobre o cotidiano escolar, no sentido de rever nossos saberes e práticas. Cultivar uma postura reflexiva evita que os próprios docentes cultivem atitudes e preconceitos que desvalorizam a experiência de certos grupos sociais, étnicos ou religiosos. Ao contrário, possibilita cultivar atitudes de tolerância e respeito à diversidade e de crítica à desigualdade. (Fonseca, 2003, p. 36)

Em uma versão mais recente dos PCN – do ano de 2000 – está presente uma seção destinada ao problema da formação dos professores. Isso demonstra, por si só, que o governo entende que a aplicação dos PCN esbarra nesse problema. Um outro documento, as Diretrizes Curriculares para a Formação de Professores da Educação Básica, lançado em 2001, faz uma contundente crítica ao modelo que enxerga a formação como o acúmulo de ferramentas e informações recebidas ao longo do curso universitário. Portanto, o processo só se conclui efetivamente no exercício profissional. A aquisição de uma lógica de conteúdos disciplinares é muito mais valorizada do que as experiências profissionais em sala de aula. A crítica ao modelo de simples aplicação de conhecimentos disciplinares choca-se com todo um histórico de condutas e práticas acumuladas nas universidades e nas escolas. A formação do professor seria considerada completa quando fosse acompanhada, passo a passo, da aquisição de saberes que o identificasse também como um pesquisador. Longe de negarmos o caráter indissociável entre pesquisa e ensino, acreditamos que a construção de um ensino renovado e problematizador deverá levar em conta as práticas docentes desenvolvidas no ambiente escolar e as experiências formativas existentes.

## SÍNTESE

Este capítulo teve como foco a tentativa de estabelecer um diálogo entre os documentos oficiais destinados ao ensino de História e o trabalho cotidiano dos professores em sala de aula. Nossa escolha se localizou nos PCN. Em uma primeira aproximação, identificamos os notáveis avanços traduzidos nos PCN, tanto no que se refere à incorporação das discussões historiográficas mais recentes quanto no tratamento das demandas históricas produzidas por grupos até então pouco presentes nos temas de sala de aula, como mulheres, homossexuais, negros etc. Por outro lado, esses aspectos positivos não podem deslocar a análise das contradições e problemas contidos nos PCN. Procuramos discutir dois deles em especial: a noção de uma escola e de um aluno "ideais", que ainda parece permear os PCN, e a conceituação ambígua e pouco esclarecedora de *cidadania* presente nos textos.

## Indicações culturais
### LIVROS

As temáticas inovadoras defendidas pelos PCN, que incluem mulheres, negros, homossexuais, entre outros grupos considerados minoritários, já contam com importantes referências na literatura e no cinema. Para o primeiro campo, recomendamos os seguintes livros:

OLÍMPIO, D. LUZIA-HOMEM. São Paulo: Ática, 1983.
> *Luzia-homem*, romance de Domingos Olímpio, narra a história da sertaneja Luzia em sua luta cotidiana contra a seca e contra a opressão masculina no nordeste brasileiro do século passado.

WILDE, O. O RETRATO DE DORIAN GRAY. São Paulo: Hedra, 2007.

O retrato de Dorian Gray, de Oscar Wilde, é um romance com forte conotação homossexual. O livro descreve a trajetória do jovem Dorian Gray, que serve de modelo para o artista Basil Hallward, despertando paixões e desejos na aristocrática Inglaterra do século XIX.

AZEVEDO, A. O MULATO. São Paulo: Ciranda Cultural, 2007.

O mulato, de Aluísio Azevedo, conta a história do negro Raimundo, que, órfão de pai português e afastado da mãe ex-escrava, passa a viver na Europa, onde se forma. De volta à sua terra natal, São Luís, é obrigado a conviver com o universo racista das elites da cidade.

## FILMES

A BELA do palco. Direção: Richard Eyre. Produção: BBC Films et al. Alemanha; Inglaterra; EUA: Lions Gate Films Inc.; Califórnia Filmes, 2004. 110 min.

A bela do palco, filme de 2004, dirigido por Richard Eyre, mostra o impacto provocado na corte do Rei Charles II, da Inglaterra do ano de 1660, quando as mulheres passam a integrar as companhias teatrais por ordem real.

MILK, a voz da igualdade. Direção: Gus Van Sant. Produção: Focus Features et al. EUA: Paramount Pictures; UIP, 2008. 128 min.

Milk, a voz da igualdade, dirigido por Gus Van Sant, narra a biografia de Harvey Milk, primeiro político norte-americano assumidamente homossexual a ser eleito para um cargo público, encampando um inovador programa de direitos civis para os homossexuais.

AMISTAD. Direção: Steven Spielberg. Produção: DreamWorks SKG; HBO. EUA: DreamWorks Distribution L.L.C.; UIP, 1997. 154 min.

Amistad, de Steven Spielberg, é a comovente história de um grupo de negros escravos que assumem o comando do navio Amistad, em 1839. Eles são presos e levados a julgamento.

## ATIVIDADES DE AUTOAVALIAÇÃO

1) A respeito dos PCN, que normatizam o ensino no Brasil, pode-se afirmar que:
   a) são fruto das pressões dos setores universitários, interessados em moldar os programas escolares com as teorias formuladas no âmbito da academia.
   b) têm forte impacto da perspectiva positivista, pois na época do seu surgimento – fim da ditadura – era essa a orientação teórica dominante.
   c) apesar de o seu surgimento ter ocorrido num contexto de forte mobilização dos professores, sua formulação ficou restrita aos círculos burocráticos.
   d) seu aparecimento ocorre em razão do impacto da teoria marxista dentro da academia, com a defesa de uma noção homogênea de cultura política, que seria aquela ligada à classe operária.

2) Qual das alternativas abaixo NÃO representa uma das abordagens críticas aos PCN?
   a) A excessiva centralização burocrática que originou a sua elaboração, refletindo a pouca participação da comunidade docente.
   b) Uma perspectiva teórica excessivamente relativista, que tende a apontar para a inexistência de métodos e critérios para o ensino de História.
   c) A ausência de uma reflexão mais elaborada sobre as condições reais do cotidiano escolar, com pouca atenção para as contradições e problemas do processo de formação dos professores.
   d) Uma filiação teórica demasiadamente centrada nas reflexões teóricas da pós-modernidade, com pouco espaço para as correntes do positivismo clássico.

3) Os PCN estruturam-se em torno de eixos temáticos. Um deles, largamente difundido, é o da cidadania. Assinale a alternativa INCORRETA sobre o tratamento dessa questão pelos PCN:

a) A conceituação utilizada é bastante próxima das concepções mais renovadas da historiografia, que compreendem a cidadania a partir da relação que se estabelece entre o indivíduo e o Estado.
b) A abordagem é oscilante entre uma visão global de cidadania e outra que situa na problemática das diferenças o cerne da questão.
c) O problema da igualdade ultrapassa, nos PCN, o domínio econômico e se insere num contexto de ampliação de direitos relativos à etnia, orientação sexual etc.
d) A noção de vida social torna-se distante da dicotomia "Estado × sociedade", para ser pensada a partir de uma ideia de vida coletiva, ou seja, a de que a preservação da vida é obra de todos.

4) Uma abordagem crítica da questão curricular é fundamental para uma leitura cuidadosa dos PCN. Tal abordagem deve considerar:
a) a adequação das diretrizes curriculares a uma noção homogênea de escola, parâmetro indispensável para o estabelecimento de conteúdos e objetivos a serem alcançados.
b) o entendimento do currículo como um discurso, que nos remete a uma definição de relações de dominação a partir de determinadas práticas de grupos situados em posições de poder.
c) o currículo como a base de um processo pactuado entre docentes e autoridades escolares, e, portanto, desvinculado das questões socioeconômicas mais amplas.
d) a vinculação de ideologias como resultado da ainda permanente vinculação dos currículos às concepções de uma História positivista e memorialística.

5) A problemática da formação de professores tem sido discutida pelos PCN por meio de:
a) uma noção que situa as práticas escolares no nível preferencial das atividades de ensino, estabelecendo, assim, uma dicotomia com a universidade, local de pesquisa e produção de conhecimento científico.
b) uma percepção da insuficiência dos conhecimentos acadêmicos e da valorização das experiências docentes em sala de aula.

c) uma visão pouco relacionada às inovações teóricas e metodológicas do campo da História, prevalecendo ainda uma ideia de proeminência da figura docente no processo de ensino-aprendizagem.

d) uma superioridade para a formação do professor como pesquisador, com base na suposição de que a pesquisa é a porta de entrada para a aquisição de conhecimento histórico por parte dos discentes em idade escolar.

## Atividades de aprendizagem
QUESTÕES PARA REFLEXÃO

1) Discuta as contradições entre as propostas contidas nos PCN e a escola REAL.

2) Analise algumas das críticas feitas aos PCN para o ensino médio, no que diz respeito à inadequação de seus pontos de vista diante de uma lógica de ensino voltada para os exames vestibulares.

ATIVIDADES APLICADAS: PRÁTICA

1) Realize uma pesquisa em documentos familiares, com o objetivo de reconstruir a composição das sucessivas gerações. Essa atividade propiciará um primeiro contato com a História de escala reduzida.

2) Faça uma leitura e, por escrito, uma análise crítica dos PCN, tomando por base uma reflexão sobre as relações entre os temas abordados no documento – homossexuais, negros, cidadania etc. – e as realidades experimentadas em sala de aula em torno deles.

David Bransby

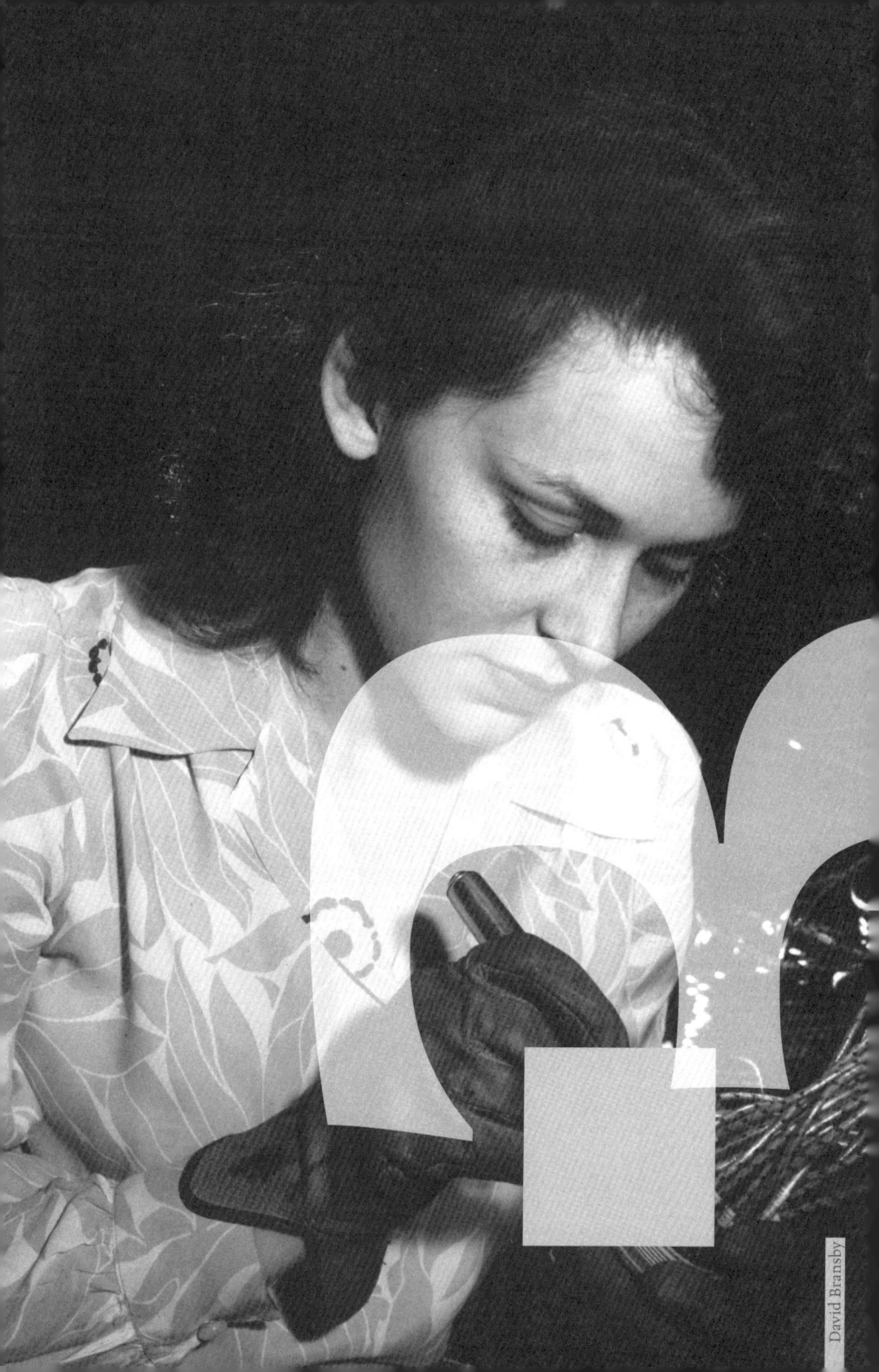

# Alternativas teórico-metodológicas para a estruturação dos conteúdos e do processo de ensino-aprendizagem

Um dos grandes desafios a serem superados pelo ensino de História é o afastamento entre o saber produzido na universidade e aquele ministrado nas escolas de ensino médio e fundamental. É quase um consenso a ideia de que a pesquisa e a produção do conhecimento são funções inerentes à comunidade especializada de historiadores, cabendo aos professores a sua difusão nas salas de aula. Para o cumprimento dessa última tarefa, admitem-se a simplificação dos conteúdos e a sua "adequação" ao universo dos estudantes, inexistindo qualquer reflexão sobre as possibilidades do conhecimento histórico e da sua produção.

Ao longo deste capítulo, procuraremos discutir que o espaço da sala de aula não é incompatível com uma abordagem teórico-conceitual e metodológica da disciplina de História. A seguir, abordaremos algumas temáticas que envolvem uma renovação das perspectivas de análise do historiador e os seus desdobramentos no ensino. Nossa pretensão é demonstrar que essas novas abordagens favorecem, em seu bojo, novas discussões sobre teoria e metodologia da História no ambiente escolar.

## 3.1 Teoria e metodologia em sala de aula

A utilização de referenciais teóricos e metodológicos em sala de aula sempre se constituiu em um tema de difícil discussão entre professores e alunos. Estes oscilam, muitas vezes, entre a rejeição pura e a aceitação da teoria e da metodologia apenas nos momentos iniciais do programa, quando é tradicionalmente debatida a importância do ensino de História e o papel que a disciplina desempenha no nosso entendimento do mundo. Também não é raro que as posições teóricas sejam confundidas explicitamente com posições políticas, ainda que ambas não possam ser pensadas de forma separada. Um posicionamento marxista, por exemplo, é inteiramente legítimo como possibilidade teórica e militante. Por outro lado, "o professor deve orientar o trabalho levando o aluno a perceber a relação entre ESTRUTURA SOCIAL e VISÃO DO PROCESSO HISTÓRICO, o que traz implicações para o conceito de verdade histórica" (Seffner, 2000, p. 260). Em outras palavras, o professor deve fazer o aluno entender que o marxismo é um entre vários corpos teóricos que informam o estudo da História e que terá reflexos diretos nos resultados da investigação do passado. De acordo com José Carlos Reis (1999, p. 11): "Para se conhecer uma interpretação histórica [...] é sempre preciso saber quem a formulou: um nativo ou um estrangeiro, um amigo ou um inimigo, um erudito ou um camponês, um rebelde ou um súdito dócil. As narrativas podem se contradizer e, paradoxalmente, serem verdadeiras".

A problematização teórica, ao lidar com conceitos, nomeações e classificações, deve nos alertar para a necessidade de pensarmos o fato histórico como uma possibilidade entre tantas outras. O que aconteceu no passado não é um elemento dado ou uma simples fatalidade. Trata-se de uma construção que é constantemente reelaborada de acordo com as sucessivas gerações de historiadores. Devemos estar cientes, portanto, de que nosso campo de estudos lida com um amplo leque de noções, interpretações, valores e conceitos, que nos são úteis na nossa abordagem do passado, não tanto para recuperá-lo em sua integridade, mas para interrogá-lo de acordo com as nossas preocupações do presente.

A preocupação com a metodologia refere-se aos procedimentos que asseguram a especificidade do trabalho do historiador, com os quais os alunos precisam ser razoavelmente familiarizados. Esses procedimentos garantem a objetividade da pesquisa histórica e sua aceitação como uma abordagem legítima do passado social. Mas convém nos lembramos mais uma vez de que as estratégias das quais os historiadores se utilizam para construir seus métodos de abordagens das fontes também não são neutras, mas artefatos culturais. Nossas formas de interrogarmos os documentos e mesmo de consideramos o que é um DOCUMENTO HISTÓRICO mudaram com o tempo. Se, por exemplo, no século XIX predominava, entre os historiadores, a visão de que as fontes escritas emanadas pelo Estado eram as mais confiáveis para a reconstrução do passado, a visão atual alargou consideravelmente o conceito de documento para abarcar vestígios iconográficos, materiais, orais etc. Com isso, outras estratégias de interrogação dessas fontes são também construídas, tendo como ponto comum a crença de que os documentos não revelam uma essência do passado que basta ser resgatada pelo historiador. Os documentos precisam ser criticados, confrontados com outros e, sempre que possível, ter seus autores revelados para que possamos tentar compreender suas intenções, visões de mundo, preconceitos e ideologias.

## 3.2 A biografia

Tratar de vidas individuais e trajetórias particulares no ensino de História certamente causaria resistências em muitos professores. Afinal, prevalece, de certa forma, a crença de que nomes e fatos integrariam uma abordagem tradicionalista do passado, pouco atenta às estruturas e à mudança histórica. A biografia era, portanto, um gênero de pouco interesse para o historiador, pois era identificada a uma história baseada nos "grandes homens" e nos "grandes personagens".

A partir dos anos 1970, esse panorama intelectual se reverteu e a escrita biográfica recuperou sua posição de destaque, impulsionada pelo papel que esse gênero recebeu em trabalhos de notáveis historiadores dos *Annales*. Recordemos que Jacques Le Goff e Georges Duby foram autores de notáveis biografias de São Luís e de Guilherme Marechal, respectivamente. Os debates em torno dos limites das explicações históricas baseadas nas posições marxistas e estruturalistas também sinalizam outro momento importante da retomada da biografia. Argumentava-se que esses modelos explicativos apresentavam dificuldades de incorporar a ação humana. Os indivíduos estavam, dessa forma, submersos em estruturas econômicas, políticas, culturais e mesmos linguísticas que pouco poderiam alterar. A possibilidade de transgredir essas estruturas precisava ser urgentemente repensada. Isso não significava uma volta ao velho gênero outrora tão criticado. As novas produções biográficas procuravam romper com a dicotomia "indivíduo x contexto" para tentar fazer avançar outras possibilidades analíticas. Estamos agora, portanto, distantes tanto da perspectiva que tende a enxergar o voluntarismo individual como veículo principal de movimento da história quanto da posição inversa que relegava aos homens a posição de subalternidade frente às estruturas. Roger Chartier, analisando as incertezas que envolvem o ofício do historiador e os rumos abertos com a descrença no marxismo e no estruturalismo, ressalta a virada epistemológica em direção ao indivíduo:

> O objeto da história, portanto, não são, ou não são mais, as estruturas e os mecanismos que regulam, fora de qualquer controle subjetivo, as relações sociais, e sim as racionalidades e as estratégias acionadas pelas comunidades: as parentelas, as famílias e os indivíduos.
>
> [...] O olhar se desviou das regras impostas para as suas aplicações inventivas, das condutas forçadas para as ações permitidas pelos recursos próprios de cada um: seu poder social, seu poder econômico, seu acesso à informação. (Chartier, 1994, p. 98)

A narrativa biográfica supõe uma modalidade de escrita da História profundamente imbricada nas subjetividades, nos afetos, nos modos de ver, perceber e sentir o outro. Talvez estejamos diante do grande desafio do trabalho biográfico: ao falar do seu personagem, o biógrafo, de certa forma, fala de si mesmo, projeta algo de suas emoções, de seus próprios valores e necessidades. O exercício biográfico está atravessado por finalidades. Não se relata a vida de alguém sem objetivos precisos. Biografa-se para exaltar, criticar, singularizar. Recuperar trajetórias individuais significa lidar com EXEMPLOS. A dimensão educativa do relato biográfico é inconfundível, apesar de ter sido, em boa parte do século XX, objeto de desconfianças por parte de professores, pedagogos e historiadores. Por outro lado, concordamos com a afirmação de Jonaedson Carino (1999, p. 169), para quem

> a instrumentalidade educativa de que se trata tanto pode estar traduzida na intenção explícita de um biógrafo (a biografia de um educador, por exemplo, dificilmente deixará de ser intencionalmente educativa), quanto na força intrinsecamente educativa do trabalho biográfico produzido (por exemplo, a biografia de um artista de cinema, televisão, ou a de um desportista, induzindo jovens leitores a comportamentos similares aos desses astros).

Tratar de relatos de vida, em suma, significa lançar mão de uma pedagogia. Se, ao relatar a vida de um indivíduo, eu enfatizo sua ação sobre os limites estruturais ou conjunturais, estou claramente defendendo o agir humano sobre o mundo. Por outro lado, se faço meu biografado submergir em meio aos acontecimentos e às circunstâncias, demonstro o peso que o meio exerce sobre as condutas individuais (Seffner, 2000, p. 268). Essas duas possibilidades teóricas apresentam-se como as matrizes centrais nas discussões sobre as relações entre indivíduo e contexto, pois de acordo com Giovanni Levi (1996, p. 179-180):

> *nenhum sistema normativo é de fato suficientemente estruturado para eliminar toda possibilidade de escolha consciente, de manipulação ou de interpretação das regras, de negociação. Parece-me que a biografia constitui nesse sentido o lugar ideal para se verificar o caráter intersticial – e ainda assim importante – da liberdade de que as pessoas dispõem, assim como para se observar a maneira como funcionam concretamente os sistemas normativos que nunca estão isentos de contradições.*

Ao pensarmos no potencial da abordagem biográfica para o ensino da História, devemos estar cientes de um desafio fundamental: como inserir o relato da trajetória em uma dinâmica – a educativa – que lida com normas e valores coletivos?

A apropriação da biografia pela educação não pode fugir ao debate de como as ações individuais, as experiências vividas e suas realizações são imersas na realidade coletiva. Em suma, trata-se de pensarmos de quais formas a subjetividade é limitada pela objetividade. Os homens e suas vidas são inseparáveis das suas condições materiais e espirituais de existência.

A utilização da abordagem biográfica no ensino de História é ainda estimulada pelo fascínio que os relatos individuais exercem. O mercado editorial é um bom termômetro para medir a atração que suscitam as histórias de vida de pessoas interessantes, os relatos que emocionam, intrigam e enervam. Nas livrarias ou mesmo em bancas de jornal podemos encontrar facilmente uma série de publicações destinadas a desnudar a vida de personagens importantes, revelar facetas desconhecidas das suas personalidades ou mesmo mostrar suas triviais ações cotidianas.

Todavia, a incorporação das trajetórias de vida ao ensino da nossa disciplina deve transcender o mero interesse ou afetividade em relação ao indivíduo estudado. Caso a aula se esgote na simples descrição da vida do personagem escolhido, pouco terá contribuído para que os alunos possam perceber os nexos entre indivíduo e meio, além das potencialidades de abordagem das estruturas sociais por intermédio de um enfoque mais personalizado.

## 3.3 A história vista de baixo e a cultura popular

No item anterior, salientamos o fato de que os estudos biográficos mais recentes romperam com a ideia de que apenas os grandes homens ou os grandes personagens eram dignos de receber as atenções dos historiadores. Essa posição levava a crer que apenas essas personalidades exemplares "fazem a história", ao passo que massas inteiras anônimas ficam em posição secundária. A abertura para os estudos sobre homens comuns – A HISTÓRIA VISTA DE BAIXO – tem estimulado toda uma geração de historiadores a se interessar por esses indivíduos outrora excluídos. Hoje há uma vasta historiografia sobre o tema, destacando-se os trabalhos produzidos pela historiografia social inglesa ligada ao Partido Comunista Britânico, tendo como seus principais expoentes Eric Hobsbawm, Christopher Hill e Edward Thompson, entre outros. O redirecionamento da pesquisa histórica em direção aos homens comuns foi assim comentado por Jim Sharp (1992, p. 41):

> Essa perspectiva atraiu de imediato aqueles historiadores ansiosos por ampliar os limites de sua disciplina, abrir novas áreas de pesquisa e, acima de tudo, explorar as experiências históricas daqueles homens e mulheres, cuja existência é tão frequentemente ignorada, tacitamente aceita ou mencionada apenas de passagem na principal corrente da história.

A historiografia dominante no século XIX tinha seu foco localizado principalmente nas elites políticas e religiosas, o que se traduzia numa narrativa linear dos feitos produzidos por elas. As críticas demolidoras feitas pelos historiadores dos *Annales* contra essa forma de narrativa, interessada primordialmente pelos eventos políticos, não se traduziram de imediato numa revalorização das ações dos homens comuns. A proposta de uma HISTÓRIA-PROBLEMA de caráter estrutural deixava pouco espaço para o estudo de trajetórias individuais. É o trabalho pioneiro de Edward Thompson (citado por Sharp, 1992, p. 41), em sua preocupação de "resgatar o pobre descalço, o agricultor ultrapassado, o tecelão do tear manual 'obsoleto', o artesão utopista", que chamou a atenção para o fato de que aqueles personagens que desfilavam longe dos grupos dominantes eram também dignos de estudos historiográficos que pudessem recuperar suas formas de sociabilidade, sensibilidades, visões de mundo e utopias.

A enorme contribuição desse novo campo de estudos históricos convive com dificuldades de natureza teórica e conceitual. A primeira, bastante óbvia, é a inexistência de uma definição mais precisa do que possa ser o povo ou as CAMADAS DE BAIXO. A delimitação vai depender do que estamos pretendendo estudar. Se, por exemplo, tomamos a sociedade escravista no Brasil colonial como nosso objeto de investigação, certamente uma HISTÓRIA VISTA DE BAIXO deverá abarcar os escravos negros. Mas apenas eles? Os homens livres pobres também não deveriam ser contemplados? Até mesmo os feitores e os capitães do mato, apesar da inevitável proximidade com os senhores, não seriam dignos de figurar nesse estudo sobre a escravidão brasileira?

Essa dificuldade nos mostra que a noção de *povo* é bastante heterogênea, comportando uma grande estratificação quanto a ocupações socioprofissionais, culturas particulares e sexo. Além disso, mesmo entre movimentos sociais tidos como populares não conseguimos estabelecer claramente quem são os homens comuns. Os historiadores que se dedicam ao estudo do movimento operário estão certamente propensos a aceitar que seus trabalhos tratam de formas populares de organização dos trabalhadores, mas as lideranças desses movimentos são indivíduos comuns na mesma escala em que o são os trabalhadores sem qualquer envolvimento sindical e que apenas se preocupam com a realização das tarefas cotidianas? A atividade política já não situaria as lideranças numa posição hierárquica superior aos não militantes?

Um importante historiador a discutir com maestria o tema da cultura popular foi o britânico Peter Burke. Em seu livro sobre a cultura popular europeia entre 1500 e 1800, também enfatiza as dificuldades que envolvem o conceito, chamando a atenção para o perigo de que o leitor tenha a impressão de uma grande homogeneidade cultural nesse período. Foi também atento para o fato de que as formas culturais populares e eruditas não eram fechadas em si mesmas, mas interligadas. Isso significava ainda que as manifestações culturais poderiam ter sentidos e significados diferentes, conforme compartilhadas entre membros do povo ou da elite. Portanto, é um equívoco referir-se a determinados objetos específicos como pertencentes à cultura popular ou erudita. Cultura é, portanto, definida como "um conjunto de significados, atitudes e valores compartilhados, e as formas simbólicas (apresentações – formas de comportamento, como festas e violência – e artefatos – construções culturais, como categorias de doença ou política), nas quais elas se expressam ou se incorporam" (Burke, 1989, p. 26).

O já citado Edward Thompson é outra referência importante. O cerne do seu trabalho está nas formas de resistência das classes trabalhadoras do século XVIII, na defesa dos seus costumes em meio aos avanços do capitalismo e sua nova lógica de organização e disciplina do trabalho. Essa resistência assumiu o caráter de uma genuína luta de classes. Estavam em jogo para os trabalhadores não apenas condições de trabalho, mas BENS SIMBÓLICOS, como festas e feiras, por exemplo. A cultura aqui é entendida como um objeto em disputa, uma arena de perspectivas conflitantes. A defesa das tradições não era uma mera volta ao passado, mas uma forma de reatualização das lutas sociais em meio às dissoluções provocadas pela expansão do capitalismo. A cultura popular está, portanto, longe de uma visão unificadora e totalizante, mas inserida em uma dinâmica de lutas e conflitos em torno da afirmação de identidades de classe.

Entre as possibilidades de inserção da HISTÓRIA VISTA DE BAIXO nas aulas de História está, portanto, a temática da CULTURA POPULAR. De início, advertimos que há muito pouco consenso quanto à viabilidade conceitual dessa temática. Com efeito, o mundo globalizado de hoje tem diluído cada vez mais as fronteiras entre a chamada *cultura erudita* e a cultura que, em tese, emana das camadas populares. Há, ainda, o risco, muito bem salientado por Roger Chartier (1995), de utilizarmos o conceito de *cultura popular*, que é uma categoria erudita, para designar populações inteiras que não se entendem como pertencentes a uma certa noção de cultura que seja "popular". No Brasil, várias correntes de intelectuais e pensadores se utilizaram da expressão. Ela já esteve ligada às tradições folclóricas, sendo largamente incorporada por antropólogos e folcloristas. A partir dos anos 1940-1950, passou a ser identificada com os chamados *regimes populistas latino-americanos*, na medida em que esses governos procuravam forjar uma cultura popular de caráter nacional. Ao mesmo tempo, era debatida como uma forma de resistência das camadas populares contra a dominação das elites, fazendo referência a uma consciência crítica que precisava ser incutida nas populações pobres. Atualmente, tem sido localizada nas discussões sobre cultura de massa no contexto da globalização. Portanto, são diversos os sentidos e significados assumidos pela expressão. Ainda assim, acreditamos que o conceito pode ser de imensa utilidade para a problematização do ensino de História, propondo questões e interrogando incessantemente a realidade sempre mutável:

> O fundamental, no meu modo de ver, é considerar cultura popular como um instrumento que serve para nos auxiliar, não no sentido de resolver, mas no de colocar problemas, evidenciar diferenças e ajudar a pensar a realidade social e cultural, sempre multifacetada, seja ela a da sala de aula, a do nosso cotidiano ou das fontes históricas. Não se deve perder de vista, entretanto, como já ouvi certa vez, que muito mais fácil do que definir cultura popular é localizá-la em países como o Brasil, onde o acesso à chamada modernidade não eliminou práticas e tradições ditas pré-modernas (se bem que todo cuidado é pouco para identificar estas práticas e tradições como populares). (Abreu, 2003, p. 84)

Tratar de indivíduos comuns em sala de aula pode oferecer um ponto de passagem bastante promissor para o entendimento de questões mais amplas. Podemos tentar ler períodos inteiros sob as lentes de homens e mulheres que apenas se dedicavam às suas existências cotidianas. A HISTÓRIA ORAL tem oferecido, nesse sentido, caminhos interessantes para os pesquisadores. De que forma, por exemplo, a ditadura militar brasileira foi interpretada e dotada de sentido por pessoas que estavam distantes de qualquer envolvimento político mais organizado? Como o regime interferia em suas vidas? Mesmo que esses entrevistados pouco tenham a dizer sobre o assunto, ainda assim os alunos podem tirar conclusões significativas, pois as fontes históricas são importantes tanto por aquilo que revelam quanto pelo que é oculto, não dito. Talvez possamos perceber que os silêncios em torno do regime ditatorial sejam explicados por traumas familiares ou mesmo pessoais, ou, ainda, que simplesmente os acontecimentos políticos no país não causaram efeitos em parcelas significativas da população. Nesse caso, deve-se investigar, em outra proposta de pesquisa, os motivos dessa indiferença política.

A historiadora e professora da Universidade Federal Fluminense, Martha Abreu, nos fornece outro interessante exemplo da possibilidade de reflexão em torno da ideia de cultura popular na escola. Trata-se da veiculação de músicas *funk* em festas juninas. Em primeiro lugar, há o problema da adequação desse gênero em festas tradicionalmente marcadas pelo sentido de ruralidade e religiosidade. Mas seria menos problemática a penetração do *funk* nessas festas do que, por exemplo, da Coca-Cola ou do *hot dog*? Por outro lado, há toda uma construção histórica que localiza as festas religiosas e carnavalescas como marcas registradas de nossa nacionalidade e da nossa própria identidade nacional. O mesmo está ainda longe de ser atribuído à musicalidade *funk*, muitas vezes preconceituosamente identificada com o crime organizado e com a pornografia.

As festas, porém, são produtos históricos sujeitos às mudanças e transformações que podem escapar à unidade e à continuidade que seus organizadores pretendem. As festas juninas afirmaram-se no calendário escolar especialmente a partir da década de 1950, estimuladas pelos estudos folclóricos que, por sua vez, almejavam servir de parâmetros para a identidade cívica de alunos e professores, criando um sentimento de valorização de nossas "tradições culturais". Curiosamente, as festas juninas não têm uma origem nacional. Foram trazidas pelos portugueses e eram comemoradas desde o período colonial. Durante o século XIX, em virtude de um certo projeto de civilização, sofreram sérias restrições por conta dos balões e fogos que eram utilizados.

A sobrevivência dessas festas deslocou-se para os subúrbios e áreas periféricas, redefinindo práticas e antigas características, como, por exemplo, os banquetes com galinhas, ovos e perus. Outros costumes, como as quadrilhas e as músicas caipiras, não eram mencionados nos relatos sobre as festas da época colonial. Martha Abreu acredita que as transformações modernizadoras sofridas pelas grandes cidades, como São Paulo, afastaram-nas cada vez mais do mundo rural. Nesta época – final do século XIX –, ganhou expressão na literatura a figura do caipira, como símbolo de um passado atrasado e arcaico. As festas juninas teriam se transformado em festas caipiras (Abreu, 2003, p. 99). Uma importante estudiosa do folclore brasileiro declarou, em 1956, que as festas juninas foram inteiramente descaracterizadas com a introdução dos "ridículos bailes caipiras". Outro folclorista, Edison Carneiro, escreveu, no início da década de 1970, que nas grandes cidades ocorrera um falseamento das festas juninas, quando a população se fantasiava, como no carnaval (citado em Abreu, 2003, p. 99-100).

Não seria esse o mesmo dilema que enfrentam os organizadores das atuais festas juninas ao postularem que a introdução das músicas *funk* ameaça o tradicionalismo que, supõe-se, deva ser a marca desse tipo de festividade? Mas de quais tradições falamos exatamente? Daquelas do período colonial ou daquelas introduzidas a partir da modernização ocorrida no século XIX? Finalizamos essa discussão com a excelente conclusão de Martha Abreu (2003, p. 100):

> Se nossos jovens querem tocar funk nas festas juninas, não vejo como respondermos negativamente, baseados numa pretensa tradição destas festas. Talvez seja mais importante nos perguntarmos sobre os significados das transformações que eles querem levar às ditas tradicionais populares festas juninas. Deixemos o funk ser tocado nestas festas, da mesma forma em que um dia as quadrilhas, as músicas e o traje caipiras, as barraquinhas de comidas, brincadeiras e os casamentos na roça ali conseguiram encontrar espaço e fizeram sentido para as pessoas que compareciam e se divertiam muito nas antigas festas de São João [...]. Entre tradições e continuidades, as festas juninas, como não poderiam deixar de ser, estão sempre se transformando.

Em todas essas possibilidades de inserção da temática da cultura popular em sala de aula, é importante que não percamos de vista um ponto essencial: a constatação de que as relações entre cultura popular e erudita são sempre de INTERCÂMBIO e CIRCULARIDADE. Isso não significa corroborar a ideia de que a primeira será tragada ou subsumida pela segunda. O mundo contemporâneo produziu uma série de modificações nas manifestações da cultura popular, ainda que muitas destas tenham se integrado nos circuitos econômicos globais e se transformado, por exemplo, em produtos de consumo de turistas. Mas há uma continuidade vigorosa da produção cultural popular. Nas ruas das grandes cidades podemos perceber o crescimento dos cantores de *rap* e *funk*, das rodas de capoeira, dos artesanatos populares. Tradições oriundas de matrizes africanas, como o jongo, são preservadas e cada vez mais divulgadas.

Não pensemos em padrões fixos para a cultura popular e erudita. Há trânsito entre esses dois campos. Música clássica pode ser ensinada em escolas públicas localizadas em áreas de periferia. O samba é objeto de estudo de intelectuais acadêmicos. Isso significa que não há um repertório de objetos que possa ser monopolizado por determinados grupos. Integrar perspectivas culturais distintas não significa a exclusão, *a priori*, de nenhuma delas. As culturas cruzam fronteiras, estabelecem diálogos, formulam novas formas de pensar o mundo e a vida. Elas são, nesse sentido, híbridas (Canclini, 1997).

Afirmar o hibridismo das práticas culturais no mundo contemporâneo não significa fornecer um atestado de invalidade para o conceito de cultura popular. Ele continua indispensável – até politicamente – para pensarmos certos significados – festas, tradições, gostos, costumes – compartilhados por grupos em geral marginalizados em função das suas condições socioeconômicas e também pela cor da pele. É também importante para atestarmos a legitimidade de certas lutas sociais e políticas em torno de determinadas expressões culturais em choque com os ritmos avassaladores da globalização, tais como o carnaval e as festas em geral.

As discussões feitas neste item talvez sejam referências importantes para que as barreiras culturais entre alunos e professores possam ser minimizadas ou mesmo ressignificadas em meio a uma prática de ensino-aprendizagem baseada no entendimento da dinâmica integracionista entre cultura popular e erudita e no respeito e tolerância pelas manifestações dos mais variados grupos e indivíduos.

## 3.4 Relações de gênero e diversidade sexual

Um dos mais recorrentes desafios da sociedade contemporânea é o de lidar com suas profundas diferenças. Os avanços tecnológicos e a diluição cada vez maior das fronteiras espaciais entre os indivíduos não parecem ser acompanhados da redução dos preconceitos de cunho sexual. Segundo Nilson Fernandes Dinis (2008, p. 479):

> Se a visibilidade de formas alternativas de viver a sexualidade, tematizadas pela mídia, impõe certo reconhecimento das causas ligadas às minorias sexuais e de gênero, forçando também a escola a rever padrões normativos que produzem a sexualidade das/dos estudantes, por outro lado também não deixa de acirrar manifestações de grupos mais conservadores. Pois, em um momento histórico em que mais se fala sobre educar para a diferença, vivemos um cenário político mundial da intolerância que se repete também no espaço da vida privada, em determinada

*dificuldade generalizada de nos libertarmos de formas padronizadas de concebermos nossa relação com o outro.*

O conceito de gênero supõe uma distinção fundamental em relação à noção aparentemente sinônima de *sexo*. Enquanto este se refere às distinções puramente biológicas entre homens e mulheres, o primeiro é inseparável da ideia de construção histórica das diferenças entre os sexos. Estamos diante de como as sociedades entendem os atributos do "ser masculino" e do "ser feminino" ao longo dos tempos. É ainda resultado de alguns impasses teóricos vividos pelos historiadores a partir dos anos 1970, em meio a profundas insatisfações com as explicações de caráter estrutural que deixavam de fora aspectos da vida cotidiana e privada. Se as grandes operações conceituais da história econômica e social foram importantes na compreensão dos movimentos históricos de longa duração, um significativo "conjunto de experiências muda noções cristalizadas sobre as relações entre homens e mulheres" (Costa, 2003, p. 188). Evidenciam-se lacunas não preenchidas, ampliam-se os campos de interesse dos pesquisadores e novas referências conceituais se tornam indispensáveis, pois

> *processos sociais significativos para rumos civilizadores são, então, localizados no cotidiano; temas da intimidade mostram sua face política; sistemas de poder e subordinação ganham relevância; tudo isso sem perder de vista a dialética da curta e longa duração histórica na construção desses mesmos processos. A história, agora, faz um afastamento de referências gerais e universais que até então predominavam na formação de conceitos.*

> *[...] Vozes inaudíveis, ampliadas através dessa orientação, denunciaram o quanto a historiografia de diferentes épocas havia mantido tantos sujeitos históricos, inclusive as mulheres, silenciados, por colocá-los em áreas de notável invisibilidade. Noções que, sistematicamente, têm localizado os homens na área da cultura e no mundo público e as mulheres na da natureza e no mundo privado, dando visibilidade aos homens e escondendo as mulheres, seriam repensadas.* (Costa, 2003, p. 188-190)

A autonomia do conceito de gênero fortalece-se no mesmo passo dos movimentos feministas, que ganharam notoriedade a partir dos anos 1970, ao proporem um programa de lutas essencialmente sexista em detrimento das mobilizações sociais mais amplas. O feminismo representa o ápice de um conjunto de reivindicações que refletem no terreno dos direitos os avanços obtidos pelas mulheres no mercado de trabalho e na redefinição das relações e dos papéis sociais. Assim, o surgimento dos estudos históricos sobre gênero é resultante tanto de mutações intelectuais no campo historiográfico quanto de transformações ocorridas na ordem social. Superando as simples distinções entre os sexos, o conceito de gênero situa o nosso olhar em direção às relações sociais que envolvem poder, submissão e resistência. Como atesta Joan Scott (1995, p. 86), historiadora pioneira na área, "o gênero é um elemento constitutivo de relações sociais fundadas sobre as diferenças percebidas entre os sexos e o gênero é um primeiro modo de dar significado às relações de poder".

Entre nós, o uso do conceito é limitado na comunidade de historiadores, ainda que vários trabalhos façam referência a essa categoria de análise (Pedro, 1995, p. 77). No plano da educação, as questões de gênero ainda recebem um tratamento pouco problematizado, restringindo-se, nos PCN, aos conteúdos de "orientação sexual", juntamente com os itens "corpo: matriz da sexualidade" e "prevenção de doenças sexualmente transmissíveis". Por outro lado, não deixa de ser relevante o fato de que a problemática do gênero esteja incorporada aos discursos oficiais escolares, uma vez que o aparelho escolar reflete, em larga escala, os valores, visões de mundo e contradições que atravessam o tecido social. Essa importância é situada por Luciana Gandelman (2003, p. 210):

> Tendo em vista a importância conferida pelos PCN aos temas transversais, como pontos fundamentais para a formação dos cidadãos, a inclusão do gênero em sua proposta deixa clara sua importância na sociedade contemporânea e torna ainda mais relevante uma discussão sobre o tema. Pode-se dizer que a apresentação da categoria tal como foi feita pelos PCN convida, e mesmo obriga, a uma discussão sobre a categoria, com o intuito de levantarmos o debate e suas consequências mais adiante.

Ainda que o reconhecimento do gênero como objeto legítimo da educação escolar seja incontestavelmente positivo, os PCN guardam ainda uma marca multiculturalista que, ao defender a tolerância em relação às diferenças, corre o risco de naturalizá-las. Assim, a própria questão da sexualidade pode se transformar em um elemento natural, com a escola admitindo a heterossexualidade como o fator de normalidade de conduta sexual dos indivíduos. Contra essa perspectiva, Guacira Lopes Louro (1999, p. 21) afirma:

> É necessário demonstrar que não são propriamente as características sexuais, mas é a forma como essas características são representadas ou valorizadas, aquilo que se diz ou se pensa sobre elas que vai constituir, efetivamente, o que é feminino ou masculino em uma dada sociedade em um dado momento histórico. Para que se compreenda o lugar e as relações de homens e mulheres numa sociedade importa observar não exatamente seus sexos, mas tudo o que socialmente se construiu sobre os sexos. O debate vai se construir, então, através de uma nova linguagem, na qual gênero será um conceito fundamental.

Desnaturalizar as relações entre homens e mulheres é, dessa forma, o passo inicial para uma educação histórica que atente para a construção das representações e visões de mundo que norteiam as vivências e experiências dos dois sexos. O risco a ser evitado é o tratamento de questões complexas a partir de lógicas binárias do tipo "homem/mulher" ou "novo/velho". Essas segmentações não raro invadem as escolas, instituições que jamais se mantêm imunes aos movimentos da vida em sociedade. Deve-se, ainda, registrar que faltam aos PCN referências mais incisivas contra a discriminação em relação a outras diversidades sexuais, como travestis e transexuais, por exemplo, o que faz com que a abordagem a respeito dessas formas de vivência sexual seja colocada a cargo do professor que, por sua vez, pode interpretar os objetivos dos PCN "apenas como a necessidade de questionar as representações sociais acerca do masculino e do feminino, sem mencionar outras práticas sexuais que sejam divergentes da norma heterossexual" (Dinis, 2008, p. 480). Por outro lado, em todas essas atividades devemos ter em mente que

> Se continuarmos, como fazem as propostas dos PCN, a tratar homens e mulheres, meninos e meninas como "povos" vizinhos que devem conviver, continuaremos a jogar a partida perdida dos esquemas essencialistas do "eu" versus o "outro", ainda que o politicamente correto se transforme numa alteridade docilizada. Precisamos experimentar outras formas de identidade e subjetividade. (Gandelman, 2003, p. 218)

O trabalho em sala com temáticas ligadas ao gênero deve ir além da mera constatação da necessidade de respeito às "diferenças", ou seja, deve estimular a consciência crítica que leve os alunos a perceberem que elas são socialmente construídas e assumem o caráter de *conflito* e não de meras representações prontas e acabadas, que localizam o conceito de gênero como identificado a um grupo social específico ou a uma "minoria". As aulas devem proporcionar a articulação dos elementos que, para Joan Scott, operam na construção do gênero: as representações sociais, as doutrinas (religiosas, científicas, educativas etc.), a política (instituições, organizações sociais etc.) e a identidade subjetiva individual. A simples incorporação das mulheres às aulas de História, sem qualquer tratamento que as situe dentro de um amplo conjunto de relações de poder e subordinação, tampouco representa avanços significativos. É ainda necessário considerar que a construção das relações e das identidades sexuais ocorre como "efeito discursivo", ou seja: trata-se tanto do produto quanto do processo de sua representação. Os discursos e símbolos não apenas refletem uma realidade de exploração e subordinação, mas ajudam a criar corpos e sexualidades. Estamos diante de uma "biopolítica", que "especializa os corpos em funções de um sistema reprodutivo, sendo os corpos femininos reservados à maternidade e, tanto estes quanto os masculinos, à heterossexualidade" (Gandelman, 2003, p. 217).

A inserção de problemáticas de gênero nas aulas de História é, sem dúvida, uma conquista importante em direção à igualdade entre os sexos. Há um campo bastante vasto de possibilidades de trabalho em sala a partir da utilização de peças teatrais, biografias de mulheres, filmes, romances e livros de história (Pinsky; Pinsky, 2005, p. 49-52).

## 3.5 Relações étnicas

Recentemente os debates sobre relações étnicas e racismo no Brasil foram impulsionados por dois fatos importantes: a instituição das cotas para negros nas universidades públicas e a implementação do ensino de História da África nas escolas, com a Lei nº 10.639, de 9 de janeiro de 2003 (Brasil, 2003). Para os defensores dessas medidas, trata-se de um considerável avanço na luta contra a discriminação racial, além da correção de injustiças históricas contra os negros, marginalizados socialmente e desprovidos do conhecimento das suas próprias origens culturais. Os opositores, especialmente das cotas, alegam que esses projetos podem, ao contrário, acabar favorecendo a tensão racial, uma vez que elas seguem critérios estritamente raciais. Em comum a essas duas posições está a centralidade conferida ao racismo como uma categoria de análise para o entendimento da realidade brasileira.

Ainda que o racismo não seja explicitamente negado por ninguém, ele costuma ser relativizado ou suavizado a partir de uma perspectiva que tende a enxergar nosso país como portador, em relação a outros povos, de uma maior tolerância entre as raças. Afinal, aqui não se verificou a segregação institucionalizada que marcou o regime do *apartheid* na África do Sul. Enfim, nossa sociedade seria marcada por uma suposta "democracia racial".

A difusão da ideia de uma sociedade tolerante e democrática em relação às suas diversidades étnicas produziu, segundo os PCN, uma histórica indiferença em relação ao racismo nas salas de aula das escolas brasileiras, em que preconceitos e discriminações são reproduzidos cotidianamente, inclusive por parte dos professores, que acabam naturalizando a ideia de que alunos oriundos das camadas pobres negras terão mais dificuldades em conseguir um rendimento escolar satisfatório. Mesmo nos livros didáticos é perceptível a naturalização da condição do negro. Em geral, ele surge nas narrativas como mão de obra escrava, sendo suas origens africanas praticamente desconsideradas.

Apesar de ressaltar a crueldade do trato dos senhores e as agruras do cativeiro, os livros pouco se concentram nos negros como atores sociais e históricos. Reproduzindo o discurso senhorial, os escravos são tratados como meras posses dos seus donos, incapazes de qualquer forma de reflexão sobre a realidade que os cercava e muito menos de agir sobre ela. Reconhecer os escravos como sujeitos históricos implica uma inversão fundamental e necessária das perspectivas teóricas que marcaram os estudos sobre escravidão no Brasil. Significa ainda a abertura para novas fontes e, por conseguinte, para outras metodologias de investigação.

Um tipo de documento que tem sido bastante utilizado nos trabalhos mais recentes sobre o regime escravista no Brasil são os processos criminais envolvendo escravos, especialmente nos casos de fugas, rebeliões e atentados contra a integridade física dos senhores. Nessas fontes, percebemos a importância dos depoimentos dos cativos, que revelam, entre outras coisas, a rotina da escravidão, as formas próprias de resistência e as possibilidades de abertura de brechas de negociação com os senhores para a obtenção de possíveis ganhos.

Ao enfrentarmos a ideia de democracia racial, precisamos ter em conta que o conceito de raça não pode ser reduzido a uma simples noção de natureza biológica. Aqui entendemos raça como uma construção histórico-social, uma modalidade de discurso que interfere nas práticas e nas relações travadas entre homens e mulheres. No Brasil, a escravidão, além de definir traços importantes da nossa identidade nacional, fez-se acompanhar de um processo de RACIALIZAÇÃO DA SOCIEDADE, estabelecendo exclusões e direitos de cidadania. No final do século XIX, as teorias estrangeiras que tentavam atestar cientificamente a inferioridade do negro seduziram nossa intelectualidade, duplamente preocupada com os efeitos da abolição e com a miscigenação. O discurso dominante passa a ser aquele que enxerga na mistura de raças o grande mal a ser combatido, uma vez que a raça superior – branca – tendia a se enfraquecer em contato com "povos inferiores". O próprio modo como a África nos era apresentada na maior parte dos livros escolares está também marcado por essa concepção de democracia racial:

> Esse mundo, ainda crivado de exotismo e superstição, seria um fomentador de rituais e crenças ilógicas que arrastariam a matriz africana para longe de qualquer plausibilidade científica. Deste modo, a África surge na estrutura curricular num recorte historiográfico nada singular: os portugueses circunavegam o continente etíope em busca do Oriente. Mas os africanos vendem escravos e os portugueses viajam para comprá-los. O mundo atlântico faz o resto: capitalismo, escravidão, tráfico de gente, Brasil. Os séculos coloniais, ontogênese de homens de fino trato, plasmariam, até que enfim, uma "doce escravatura", terminada pela generosa mão de uma não menos encantadora e alva princesa, em maio de 1888. Aqui, o teor africanista sai de cena da História: fim da escravidão, proclame-se então o branqueamento. A República, velha ou nova, não tratará dos negros. Esta dramática questão étnica, que atravessará a educação republicana, tem um pouco da construção e da prática historiadora em torno do "mito da democracia racial" no Brasil. (Flores, 2006, p. 68)

Foi somente a partir do século XX que a mestiçagem passou a ser encarada de forma positiva como uma das marcas da nossa brasilidade e da nossa singularidade no mundo. Foi Gilberto Freyre quem forneceu a principal contribuição intelectual nesse sentido. O escritor admitia que nós não estávamos totalmente livres de preconceitos, mas argumentava que a colonização de matriz lusitana, ao promover desde cedo o contato bastante íntimo entre raças tão distintas, teria favorecido entre nós a criação de um sentimento de convivência social relativamente harmoniosa; se tínhamos preconceitos, estes eram muito mais de caráter socioeconômico do que racial.

A partir dos anos 1960, uma nova geração de intelectuais brasileiros começou a questionar a ideia de democracia racial, revelando as poucas possibilidades de mobilidade social entre os negros e a estreita relação entre preconceito racial e preconceito social no Brasil. O avanço posterior das pesquisas trouxe à tona outros dados a respeito das diferenças salariais entre brancos e negros, o acesso limitado destes à educação, à moradia e ao lazer. O mito de uma sociedade que conseguia viver bem com suas diferenças raciais passou a ser insustentável.

A participação cada vez mais ativa dos MOVIMENTOS NEGROS a partir dos anos 1970 não se contentava com a simples denúncia da falácia do mito da democracia racial. Ações efetivas precisavam ser buscadas no campo dos direitos de cidadania e na luta contra a discriminação. A valorização das expressões culturais afro-americanas faz parte desse contexto de disputas. A influência dos movimentos negros norte-americanos e suas políticas de identidade é outro ponto muito importante. Argumenta-se que essas políticas de identidade favorecem maiores possibilidades de visibilidade dos males sofridos pelas populações negras e, por consequência, a obtenção de ganhos cada vez maiores. A estratégia de luta dos movimentos brasileiros defende, portanto, a recuperação da herança africana, transformando-a em elemento estruturante da identidade negra.

É nesse sentido que se torna indispensável discorrermos um pouco mais sobre o ensino de História da África nas escolas de ensino médio e fundamental. Estamos inteiramente de acordo com o diagnóstico abaixo:

> *Apesar de a cultura negra ser a energia que dá ritmo à vida nacional, considerando ainda a dívida imensa do Brasil para com a África, não se observa uma equivalência desses pesos na vida e na política. Não é um exagero considerar um escândalo a ignorância em relação à África. [...] A grande maioria dos brasileiros considera o continente africano como um bloco homogêneo; tudo igual e todos negros. Quando muito, separam a África do Norte, que é árabe, daquela situada abaixo do deserto do Saara, também chamada África Negra.* (Santos, 2001, p. 247)

Os conteúdos de História da África quase sempre relacionam o continente ao tráfico de escravos e à herança cultural que os afrodescendentes carregam. E, muitas vezes, isso se dá de forma pitoresca e folclórica, apresentando como exóticas formas de manifestações culturais que seriam estranhas aos olhos de uma cultura superior europeia. Essa feição eurocêntrica no ensino, em que pese a diminuição da sua força em tempos recentes, ainda marca a maior parte dos livros didáticos de História que circulam no país. Para José Ricardo Oriá Fernandes, trata-se de um fenômeno que ultrapassa os limites dos currículos escolares e as propostas de ensino: pouco identificados a um conteúdo excessivamente centrado no continente europeu, os alunos negros sentem-se cada vez menos estimulados a frequentar a escola. A evasão escolar é o resultado previsível desse processo de exclusão intelectual (Fernandes, 2005, p. 380-381). Acrescente-se, ainda, o fato de que os conteúdos sobre a África estão limitados ao período de duração da escravidão no Brasil. A abolição e a República conseguem simplesmente fazer desaparecer os povos negros e suas origens continentais.

Parece que estamos diante da plena assimilação, pelo ensino, do discurso da miscigenação – em seus aspectos positivos e negativos – que invade os meios intelectuais brasileiros no início do século XX. Como em um passe de mágica, não temos mais negros e brancos, mas apenas MESTIÇOS. Assim, não há mais sentido em conhecer a África, pois esse continente já teria contribuído com sua missão de fornecer o elemento negro para que nós realizássemos a grande mistura étnica que confere sentido à nossa nacionalidade. Esse quadro sombrio apenas demonstra nosso atraso em relação a essa temática de ensino. No início do século XX, as universidades europeias e norte-americanas já adotavam programas de estudos africanos, cada vez mais convencidas pelos estudos arqueológicos que atestavam que os primeiros sinais da aventura humana na Terra eram oriundos da África. Segundo um importante estudioso:

> A primazia da África na evolução humana é uma descoberta recente que, até aqui, só teve tempo para produzir uma parcela do seu impacto potencial. Os homens de ciência já estão aprendendo a ver a África não como um lugar atrasado e exótico, mas como o cenário de aquisição pelo homem de suas características genéticas mais profundas. É possível que, à medida que esse conhecimento se difunda e seja ponderado pela próxima geração de cientistas através de todo o espectro das disciplinas

*intelectuais, o mundo aprenda a pensar a África com mais respeito e os próprios africanos olhem seus companheiros com uma confiança nova.*

*Se as descobertas recentes da biologia molecular alcançarem aceitação, não só para o fato de que o planeta foi primeiramente colonizado a partir da África, mas também que foi amplamente recolonizado pelo primeiro homem plenamente sapiente a se difundir, ainda uma vez, a partir da África no período dos últimos 250 mil anos, o impacto geral deverá ser ainda mais forte.* (Oliver, 1994, p. 281)

Ensinar História da África significa, portanto, romper com uma série de postulados tradicionalmente enraizados em nossas salas de aula e produzir inovações teóricas e metodológicas. O primeiro desses postulados é a divisão cronológica nitidamente europeia que ainda é predominante. Isso não significa fazer com que o aluno passe a desconsiderar totalmente a cronologia, mas que se interesse, também, pela história da África, por durações, economias, cultura material, povos, capitalismo triangular (Flores, 2006, p. 69). A lei que institucionaliza o ensino da disciplina tem gerado projetos editoriais, e obras que tratam da temática africanista têm se tornado acessíveis a um número cada vez maior de estudantes e professores. Pretende-se colocar em curso uma ressignificação do conceito de raça no contexto das lutas contra o preconceito e a discriminação. Romper com os estereótipos vinculados ao continente africano é passo decisivo em direção a uma educação que relativize os valores ligados à brancura e às nossas raízes europeias, situando-as numa perspectiva que ilumine os conflitos e a construção das nossas noções de racialidade. Os textos governamentais apontam para três direções em relação ao ensino de história e cultura afro-brasileira e africana:

*1) consciência política e histórica da diversidade; 2) fortalecimento de identidades e de direitos; 3) ações educativas de combate ao racismo e à discriminação. No que se refere especificamente à História da África, algumas sugestões indicam aberturas promissoras e inovadoras: ocupação colonial na perspectiva dos africanos; os impactos da descolonização na Europa e na América; as relações entre as culturas e as histórias dos povos do continente africano e os da diáspora; a vida cultural dos africanos e seus descendentes na América; relações políticas, econômicas e culturais entre a África e o Brasil; pequenas biografias de escritores e intelectuais africanos com o objetivo de superar a ideia de uma África sem criação artística e apenas sujeita aos cânones europeus.* (Flores, 2006, p. 80)

Por fim, acreditamos que o ensino de História da África deverá promover uma série de mudanças de horizontes teóricos e metodológicos, além de uma nova engrenagem organizacional do ensino brasileiro. Cremos que o programa de ação proposto pela professora Hebe Mattos, da Universidade Federal Fluminense, seja um bom panorama das iniciativas a serem tomadas. A agenda tem quatro grandes prioridades: 1) criar "condições para uma abordagem da história da África no mesmo nível de profundidade com que se estuda a história europeia e suas influências sobre o continente americano"; 2) "historicizar o processo de racialização dos negros nas Américas, em suas relações com a memória da escravidão, e suas implicações em termos de definição de direitos civis nos países do continente"; 3) "incorporar, à formação de professores, a historiografia mais recente sobre a história da escravidão no Brasil"; 4) incorporar "à formação de professores de ensino médio e fundamental as novas pesquisas que abordam, historicamente, experiências concretas de criação e de transformações culturais identitárias, na experiência da diáspora africana" (Mattos, 2003, p. 127-136). Os dois últimos pontos, que consideramos condições de realização dos dois primeiros, envolvem ações de ampliação dos cursos de pós-graduação em História da África nas universidades e a concessão de bolsas de pesquisa em nível de mestrado e doutorado para que estudantes brasileiros possam realizar estudos no continente africano.

## Síntese

A introdução de discussões teóricas e metodológicas de História nas salas de aula das escolas brasileiras é, sem dúvida, um exercício complexo. Raramente os professores avançam nessas questões para além dos conteúdos iniciais do programa, em que há breves discussões sobre o significado da História. Por outro lado, os estudantes, acostumados com a ideia de que a História é um amontoado pouco útil de nomes e datas, interessam-se muito pouco por tais discussões. Neste capítulo, procuramos apontar algumas possibilidades de abordagem de noções teóricas e metodológicas que procurem estimular os estudantes a pensar historicamente e a entender o caráter de construção social do trabalho do historiador. Para tanto, selecionamos quatro temáticas que acreditamos serem pontos de partida estimulantes para a reflexão teórico-conceitual e metodológica: biografia; história vista de baixo e cultura popular; gênero e diversidade sexual; relações étnicas.

## Indicações culturais

### Livro

DEL PRIORE, M. (Org.). HISTÓRIA DAS MULHERES NO BRASIL. São Paulo: Contexto; Fundação Unesp, 1997.

Para a discussão sobre gênero, recomendamos a leitura da importantíssima coletânea *História das mulheres no Brasil*, organizada por Mary Del Priore, que contém diversos textos analisando a participação feminina em diversos domínios da cultura.

### Filmes

MENTES perigosas. Direção: John N. Smith. Produção: Hollywood Pictures, et al. EUA: Disney Vídeo, 1995. 99 min.

Uma referência cinematográfica que pode ser útil para reflexões sobre gênero e relações étnicas em sala de aula é *Mentes perigosas*, dirigido por John N. Smith. O filme conta a história de uma ex-oficial da Marinha (interpretada por Michele Pfeiffer) que passa a dar aulas em uma escola periférica com graves conflitos étnicos envolvendo norte-americanos e latinos.

MAUÁ: o Imperador e o Rei. Direção: Sérgio Rezende. Produção: Columbia TriStar do Brasil. Brasil: Columbia TriStar do Brasil, 1999. 132 min.

Para estimular a reflexão sobre a biografia, recomendamos o filme, baseado no livro de Jorge Caldeira, *Mauá: empresário do Império* (Companhia das Letras, 1995), que trata da polêmica figura do empresário Barão de Mauá, que fez fortuna no Brasil Imperial. O mais importante é a percepção de que narrar uma vida pode assumir formas distintas, se pensarmos na literatura ou no cinema. É também relevante contrapormos esta narrativa típica de um grande personagem com as narrativas dos indivíduos comuns, prestando atenção, em cada caso, nos recursos estilísticos utilizados, na condução da trama e nos enfoques dados aos personagens, entre outros aspectos.

## ATIVIDADES DE AUTOAVALIAÇÃO

1) O trabalho com biografias apresenta uma importante dimensão pedagógica, uma vez que:
   a) remonta ao modelo positivista de escrita da História, com a valorização dos novos temas, objetos e abordagens
   b) retoma a valorização da biografia feita pelos Annales, com a valorização do indivíduo como problema fundamental a ser explicado pelo ensino e pela pesquisa em História.
   c) oferece a possibilidade de pensar as ações individuais em meio aos fatores estruturais, tanto quanto os limites dessas ações.
   d) estimula a noção de EXEMPLO, especialmente importante para uma educação nos moldes cívicos, tão estimulada pela escola dos Annales.

2) A respeito das noções de CULTURA POPULAR e de HISTÓRIA VISTA DE BAIXO, assinale a alternativa correta:
   a) Foram popularizadas pela escola metódico-positivista e estão ligadas à emergência do movimento operário inglês de meados do século XIX.
   b) Estão circunscritas à historiografia britânica e são marcadas por uma forte redução da escala de análise, comumente também chamada de *micro-história*.
   c) Abarcam uma grande variedade de fenômenos históricos, sendo, por isso, utilizadas em uma variedade heterogênea de estudos e análises sobre diversos grupos sociais.
   d) Têm sido utilizadas, no caso específico da historiografia brasileira, para o estudo da resistência popular no período da ditadura (1964–1985).

3) Os debates historiográficos sobre gênero têm conseguido importante alcance e chegado às salas de aula. Na origem dessa questão, encontra-se:

a) a recuperação do papel das subjetividades e das ações humanas em meio a uma forte crítica à história de caráter estrutural.
b) o esvaziamento dos movimentos reivindicatórios feministas, com a consequente necessidade de relembrar os feitos de grandes mulheres
c) o progressivo crescimento das abordagens quantitativas em História, chamando a atenção para a força eleitoral das mulheres, por exemplo.
d) a crise dos paradigmas historiográficos no final do século XX e a retomada da interpretação marxista, com a ênfase nas questões socioeconômicas.

4) No caso específico brasileiro, as abordagens sobre gênero em sala de aula ainda se mostram tímidas. Isso ocorre pela confluência de dois fatores citados abaixo:
a) A quase inexistência de estudos sobre essa temática no Brasil e o predomínio, entre nós, de abordagens historiográficas ligada à longa duração e à história quantitativa.
b) Uma imprecisão conceitual sobre essa questão, que se pode verificar nos PCN, e uma discussão ainda incipiente sobre as relações entre sexo e gênero.
c) A pouca penetração das discussões historiográficas ligadas aos *Annales* e o predomínio dos estudos sobre o período colonial, com forte ranço patriarcal.
d) O predomínio de uma abordagem naturalizada da questão e a pouca recepção, entre nós, da historiografia dos *Annales*, bastante dedicada aos estudos de gênero.

5) A introdução das relações étnicas como temática de ensino de História tem se dado em meio a importantes mudanças na historiografia sobre a escravidão. Tais mudanças podem ser sintetizadas na seguinte afirmação:
a) Tem avançado uma abordagem socioeconômica da escravidão no Brasil, estimulada por pesquisas de caráter estrutural e que têm enfatizado principalmente as relações de propriedade entre senhores e escravos.
b) As pesquisas mais recentes têm reduzido o papel do tráfico internacional – e, consequentemente, do continente africano – em prol de estudos mais detalhados sobre o tráfico interno.

c) Os principais trabalhos sobre o tema têm tratado a problemática da raça como um fator de ordem biológica, considerando mais detidamente os fatores socioeconômicos do cativeiro.

d) Há uma maior valorização das estratégias subjetivas acionadas pelos próprios escravos para a obtenção de sua liberdade, ou mesmo para estabelecer pequenos ganhos em suas relações com os senhores.

## Atividades de aprendizagem

### Questões para reflexão

1) Discuta de que forma a adoção de discussões teóricas em sala de aula pode fazer com que os estudantes rompam com a ideia de um passado fixo e imóvel.

2) Por que podemos afirmar que os conceitos e as metodologias com os quais trabalhamos são ARTEFATOS CULTURAIS?

### Atividades aplicadas: prática

1) Para uma compreensão teórica das formas pelas quais as chamadas *cultura popular* e *cultura erudita* se relacionam, sugerimos a leitura e o fichamento da obra O *queijo e os vermes*, de Carlo Ginzburg.

2) Tendo por base os referenciais teóricos alcançados com a leitura e o fichamento do livro de Ginzburg, sugerimos um trabalho de campo a respeito de alguma forma particular de manifestação cultural popular. Deve-se ter o cuidado para que o trabalho não se esgote numa simples descrição da prática cultural escolhida. Uma pesquisa em jornais antigos e a realização de entrevistas com alguns de seus integrantes mais antigos podem oferecer elementos importantes para o estabelecimento de relações mais amplas tanto com os grupos dominantes – é interessante responder, por exemplo, à seguinte questão: como essa manifestação era vista por esses grupos? – quanto com outras modalidades de cultura popular.

Ulterius Septentrionem versus America adhuc incognita est
Nieulandt
MARE
Groen Landia
ICA
a Christopho
e Regis Castel
ab Ameri
sortita 1499
Canada
Terra de Labrador
Fretum Davis
Totuna gay
EPTEN
NALIS
Chilaga
Avanares
Albardos
NOVA FRANCIA
Noort Zee
ATLAN
TICUM
MAR DEL
NORT
Florida
Capaschi
Calicuas
Sinus Mexicanus
Nova
AME
RICA
MERI
DIONA
LIS
BRASIL
Guinea
OCEANUS
ÆTHIOPI
CUS
Tropicus Capricorni
Rio de la Plata
Fretum Magalanicum
Terra del Fuego
Fretum le Maire
GALLIANI
UM
Comstock

# Planejamento e sistematização do ensino: as fontes históricas e o trabalho com o texto

O ato de planejar e de sistematizar os conteúdos a serem discutidos em sala, na nossa disciplina, não pode representar um mecanismo imobilizador do processo de ensino-aprendizagem. Não há um esquema rígido sobre o qual se devem assentar todas as estratégias adotadas, as posturas implicadas e os resultados esperados. Realidades regionais e socioeconômicas distintas podem estabelecer abordagens e desenvolvimentos diversificados. Acreditamos, entretanto, que o conhecimento histórico em sala de aula é impensável sem a articulação entre conceitos (especialmente o de tempo histórico), trabalhos com fontes históricas e com textos – temas discutidos neste capítulo –, sem excluir, obviamente, a importância de outros elementos existentes no processo de elaboração e planejamento.

## 4.1 A importância dos conceitos

O conhecimento histórico em sala de aula, como já enfatizamos, deve pressupor a atividade incessante de investigação. A pesquisa deve proporcionar não apenas o contato com o passado por meio da utilização metodologicamente apropriada de fontes históricas de naturezas diversificadas. Os fatos, isoladamente, não possuem um SENTIDO HISTÓRICO. Eles precisam ser articulados às estruturas e conjunturas mais amplas e aos sujeitos, ou seja, aos agentes produtores dos fatos. Nesse processo, devemos recorrer aos conceitos e noções que organizam o pensamento histórico.

Ensinar história, portanto, requer a MEDIAÇÃO DE CONCEITOS. Uma das dificuldades do conhecimento histórico nas séries iniciais reside exatamente na pouca capacidade de abstração dos alunos nessa faixa escolar. Isso não pode, contudo, significar a aceitação da ideia de impossibilidade do ensino de História nos primeiros anos do ensino fundamental, como já destacamos. Convém indagarmos como se processa a elaboração dos conceitos nessa etapa e quais deles devem ser considerados fundamentais para a aprendizagem e apreensão do conhecimento histórico escolar.

A apreensão dos conceitos por parte dos estudantes em idade escolar produziu um debate epistemológico de grande relevância para os estudos sobre a educação, especialmente a partir das teorias de Vygotsky e Piaget, autores que demarcaram teoricamente as correntes conhecidas como *construtivistas*, que fundamentam a maioria das formulações curriculares atuais.

A teoria de Piaget (1896-1980) postula que as estruturas cognitivas dos indivíduos são adquiridas em estágios diferenciados e delimitados pela maturidade biológica. Os objetos são apreendidos, portanto, em correspondência com as estruturas orgânicas internas e acomodados de acordo com as condições disponíveis. Esse processo de assimilação/acomodação corresponde ao princípio do desenvolvimento das estruturas mentais e ao crescimento da capacidade cognitiva. O indivíduo responde aos desafios exteriores, aos desequilíbrios criados pelos problemas enfrentados, promovendo o desenvolvimento intelectual por meio de compensações ativas. Essas compensações exigem a maturação física do sistema nervoso e a interferência dos fatores sociais.

A perspectiva biológica de Piaget fundamentou diversas propostas de organização curricular no Brasil e em outros países, "os quais consideraram as etapas de desenvolvimento da criança – a fase oral, a do pensamento concreto e a do pensamento abstrato – em versões diversas" (Bittencourt, 2004, p. 186). Diversos currículos ainda sinalizam com a ideia de subordinação da aprendizagem ao desenvolvimento biológico e ao processo de maturação cognitiva. Apesar disso, recentemente a adaptação da teoria piagetiana tem sido alvo de diversas críticas produzidas por educadores e psicólogos, preocupados com a problemática da aprendizagem de temas sociais.

Lev Semenovitch Vygotsky (1896-1934), estudioso russo, ofereceu contribuições decisivas para a elucidação dos processos de formação dos conceitos. Em uma perspectiva claramente oposta à de Piaget, entendia que a oposição entre conceitos espontâneos e conceitos científicos era muito mais aparente do que real e ambos configuram um campo de interferência mútua. O conceito espontâneo não desaparece no processo de construção do conhecimento científico, mas se modifica e se redimensiona.

Na formação dos conceitos, segundo Vygotsky, as interferências biológicas não são as únicas a serem consideradas. São também fundamentais "as dimensões historicamente criadas e culturalmente elaboradas no processo de desenvolvimento das funções humanas superiores, notadamente a capacidade de expressar e compartilhar com outros membros do seu grupo social todas as experiências e emoções" (Bittencourt, 2004, p. 187). A linguagem, veículo primordial da mediação entre sujeito e objeto do conhecimento, possibilita o intercâmbio social e a formação conceitual. Assim, Vygotsky entende que pela comunicação social os indivíduos podem progressivamente chegar ao desenvolvimento dos conceitos, que para ele significa o entendimento das palavras.

Assim, a crítica de Vygotsky se dirige à relação direta que Piaget estabeleceu entre maturação biológica e aquisição dos conceitos. Como os conceitos científicos, para o pensador russo, são uma ampliação das palavras, a escola assume um papel de grande importância, pois é ela quem irá oferecer a aprendizagem sistemática e organizada capaz de fornecer os elementos cognitivos responsáveis por aquela ampliação. Recoloca-se a problemática do papel que o ambiente social exerce na formação intelectual dos indivíduos, em oposição à perspectiva de Piaget, que considera o indivíduo como um ser universal, independente do espaço e do tempo. Assim, bastava romper a fase de centralidade sobre si mesmo e esse indivíduo seria capaz de classificar, ordenar, medir, calcular e deduzir de maneira neutra e facilmente verificável. Por outro lado,

> *muitos autores, discordando dessa concepção, assinalam, ao contrário, a importância das condições que o indivíduo encontra na condução de seu próprio caminho cognitivo. A psicologia social enfatiza as relações entre o desenvolvimento cognitivo, o amadurecimento intelectual e as condições socioculturais da vida cotidiana. As inúmeras interferências sociais nesse processo, sobretudo a organização familiar, a saúde e as condições econômicas, entre outras contingências, forçam os indivíduos a resolver problemas e se 'reequilibrar' de modos diversos em seu processo cognitivo e nem sempre dentro da faixa etária prevista. Ressaltam todos esses autores a importância das situações interindividuais e da aquisição social do conhecimento, assim como da interferência do grupo de convívio, da afetividade e dos níveis de socialização.* (Bittencourt, 2004, p. 188)

Perceber os influxos produzidos pelo ambiente histórico e social sobre o processo de aquisição do conhecimento conceitual pressupõe considerar o chamado *conhecimento prévio* dos alunos como elemento fundamental e necessário para a construção de novos significados e esquemas. O ensino escolar de História não pode ignorar as experiências anteriores vividas pelos alunos. Elas oferecem um universo prévio de conceitos e visões de mundo que serão redimensionados, reavaliados e submetidos à crítica científica. Não estamos falando de anulação dessa vivência histórica anterior, mas da sua ressignificação, "de maneira que se evitem formas arbitrárias e apresentação de conceitos sem significados, os quais acabam sendo mecanicamente repetidos pelos alunos, confundindo-se *domínio conceitual* com *definição de palavras*" (Bittencourt, 2004, p. 188-189).

Na análise e interpretação do processo histórico, o historiador necessariamente manipula conceitos, contextualizando-os e utilizando-os na organização e sistematização dos dados empíricos. O professor de História, além dessas preocupações, enfrenta o desafio de saber como introduzir e encaminhar o aprendizado dos conceitos para alunos com diferentes experiências anteriores e idades. O dilema reside, muitas vezes, na dificuldade de comunicação entre os conceitos produzidos no âmbito da pesquisa histórica, ou seja, na universidade, e os saberes transmitidos em sala de aula. O diálogo entre historiadores e professores do ensino médio e fundamental torna-se uma necessidade inadiável, sob o risco de uma grave fissura no processo de aquisição do conhecimento histórico.

Independentemente das orientações ideológicas ou dos pressupostos políticos que orientam a pesquisa e o ensino de História, o trabalho com conceitos pertence à própria lógica do trabalho historiográfico. E isso ocorre mesmo que os conceitos sejam incorporados de outros campos do conhecimento. Os historiadores dos *Annales* chamaram a atenção corretamente para a necessidade que temos de nos familiarizarmos com termos e noções vindos da Economia, da Psicologia, da Geografia ou da Antropologia. Também os conceitos oriundos do chamado *senso comum* devem ser levados em conta. Diversos significados e noções, como *revolução, burguesia, monarquia*, entre outros, parecem sempre terem sido usados em todos os lugares e em todos os tempos. As preocupações e os procedimentos do historiador não podem, portanto, ser dissociados da utilização dos conceitos, pois, como destaca Holien Gonçalves Bezerra (2005, p. 41):

> *Independentemente das mais variadas concepções de mundo, posicionamentos ideológicos ou proposições de ordem metodológica, não há como não trabalhar com*

conceitos, ou pelo menos com uma parte importante deles. As propostas pedagógicas, sejam elas quais forem, têm um compromisso implícito com estas práticas historiográficas ao produzirem o conhecimento histórico escolar com suas especificidades e particularidades. O que diferencia as diversas concepções de História é a forma como esses conceitos e procedimentos são entendidos e trabalhados.

O historiador Reinhart Koselleck (1992, p. 138-139), um dos mais expressivos nomes da historiografia alemã, assim adverte para as inter-relações existentes entre os conceitos:

Nas cidades alemãs [do século XVIII], economicamente ricas e pujantes, eram os grandes comerciantes que possuíam o direito de cidadania. Eles tinham assento no Senado dessas cidades, participavam das corporações urbanas. Ao lado desses cidadãos havia uma grande camada de não-cidadãos urbanos. Essa situação se assemelha em alguma medida à realidade histórico-política da cidade de Atenas, habitada tanto por cidadãos com direitos políticos quanto pelos metecos e escravos, destituídos da cidadania plena. Essa convergência entre sociedade civil e organização do poder político – organização esta subsumida ao conceito de Estado a partir do século XVIII e tão somente a partir daí – pressupõe uma articulação entre os conceitos de cidadão e poder político: a cidadania implicava alguma forma de exercício de poder político. Mas na forma como nós hoje concebemos o conceito de sociedade civil [...], o conceito diferencia-se de sua formulação original. Na moderna acepção do conceito e em seu emprego há um sentido novo que não implica necessariamente uma forma de poder (exercício de poder). Nesse novo sentido, o conceito aplica-se ao entendimento de uma rede de cidadãos que satisfazem livremente suas necessidades, se auto-organizando, que dispõem de um código jurídico ou podem influenciar na constituição de um, capaz de garantir o funcionamento de um Estado sob o princípio da igualdade de direitos, da liberdade e do contrato entre as partes.

A aplicação dos conceitos no processo de ensino-aprendizagem do passado histórico não pode ser feita sem que tomemos alguns cuidados teóricos e metodológicos importantes. Os conceitos são também objetos históricos e possuem, portanto, sua própria historicidade. Eles foram produzidos em determinado contexto para designar determinados fenômenos históricos. Se pensarmos, por exemplo, na palavra-conceito *escravidão*, podemos perceber sentidos diversos para o seu uso. A escravidão existente na Roma ou na Grécia antigas não possui o mesmo significado da escravidão no período colonial brasileiro. Aqui estamos diante de um dos maiores perigos corridos pelo historiador, o de cometer o chamado *anacronismo*, ou seja, utilizar os conceitos fora dos contextos em que foram criados. Assim, "ao fazer uso de noções [...] é necessário desconfiar das imprecisões dos termos e ser cauteloso com a leitura das fontes em que eles se encontram; ou seja, deve-se ter um domínio metodológico para o emprego correto do conceito" (Bittencourt, 2004, p. 194). As mesmas dificuldades ocorrem para o conceito de *democracia*. No mundo grego, entre aqueles não considerados aptos a participar da vida democrática, ou seja, aqueles que não eram vistos como cidadãos, estavam as mulheres, além dos escravos e dos estrangeiros. Nossa democracia não concebe mais a exclusão feminina como legítima e aceitável. Temos, dessa forma, duas acepções para a noção de democracia e o uso isolado dessa palavra, sem a preocupação em situar o contexto do qual se fala, pode ser causa de graves equívocos.

## 4.2 A pesquisa em sala de aula e as fontes históricas

Perceber-se como um agente historicamente localizado e capaz de interferir diretamente na construção do objeto a ser estudado é o primeiro passo para que o professor possa produzir nos alunos a sensibilidade para a compreensão do papel que desempenha o conhecimento histórico em seu cotidiano. Isso porque estudar História significa a possibilidade de nos deslocarmos em direção a outros tempos-espaços, outras experiências humanas, apreender as diferenças e semelhanças, verificar as necessidades, entender a formação das diversas culturas dos diferentes grupos humanos.

Essa postura investigativa demanda a percepção da escola como um local de construção e reconstrução de conhecimentos capazes de permitir aos alunos a compreensão da sua realidade e as possibilidades de nela intervir. Possibilita entender o processo de ensino-aprendizagem como uma interação professor-aluno e como propiciador da construção-reconstrução do objeto que se deseja conhecer.

A sala de aula como um espaço de investigação e reflexão acerca do conhecimento histórico é ainda uma prática que precisa ser expandida. O rompimento com posturas tradicionais que consagram o professor como a instância máxima do saber e os livros didáticos como instrumentos privilegiados no processo de ensino-aprendizagem é um desafio a ser vencido. Não obstante, os avanços conquistados na democratização da vida escolar, a construção do conhecimento continua apresentando um caráter conservador e autoritário, conforme nos relata o professor Paulo Knauss (2004, p. 30), da Universidade Federal Fluminense:

> A escola tem sido o lugar de exercício do papel social do professor, identificado com uma concepção de saber pronto, acabado e localizado, cujo desdobramento é a aversão à reflexão e o acriticismo, sem falar na falta de comunicação. A escola e a sala de aula surgem, assim, como LUGAR DE INTERIORIZAÇÃO DE NORMAS, em que o livro didático é o ponto comum entre professor e aluno, sendo todos elos de uma cadeia de transferência disciplinadora do cotidiano e ratificadora das estruturas sociais vigentes. O "bom" aluno nos surge como aquele que bem se adapta a esta concepção de conhecimento, produto da postura normatizadora de base autoritária.

O estímulo à investigação histórica deve ser, portanto, uma prática permanente desde os primeiros anos do ensino fundamental. A realidade não é algo oferecido, mas construção que o homem faz com o material dado. Dessa forma, toda produção de conhecimento deve ser entendida como a relação que se estabelece entre os sujeitos do conhecimento – históricos, subjetivos e portadores de determinadas concepções de mundo – e os objetos que são investigados e inquiridos. Como o conhecimento histórico é uma forma de posicionamento do sujeito, ele se apresenta sempre como uma "leitura do mundo", informada ainda pelos pressupostos políticos, ideológicos e culturais que esse sujeito carrega, não sendo, portanto, uma mera disciplina.

Supor que o produto do nosso trabalho em sala de aula é a construção de uma interpretação sobre o passado não significa corroborar, como já atestamos na introdução, as teses relativistas que proclamam o caráter literário do trabalho do historiador. A pesquisa histórica é sempre incompleta e está marcada pelas escolhas teóricas e metodológicas feitas pelo sujeito. Porém, os fatos e as evidências que estuda são dotados de existência real e podem ser conhecidos segundo métodos históricos. Assim, a relação entre o conhecimento histórico e seu objeto só pode ser compreendida como um diálogo com certas evidências, o que não significa que os acontecimentos históricos se modifiquem a cada investigação. O que se altera são os significados atribuídos. O objeto do conhecimento histórico é a história real, cujas evidências são necessariamente incompletas e imperfeitas.

Como então produzir conhecimento histórico em sala de aula? Como estimular o questionamento constante das relações humanas no tempo? Como situar o aluno como agente histórico e produtor da sua própria história?

As questões acima envolvem complexas questões epistemológicas, teóricas e conceituais, cujos desdobramentos não podem ser tratados em sua amplitude neste nosso pequeno livro. Defendemos aqui que a atividade de investigação do passado é guiada pelo universo do conhecimento científico "ao qual corresponde o racionalismo e o aprofundamento racional da consciência, além de uma iniciação peculiar da linguagem e dos procedimentos próprios da ciência" (Knauss, 2004, p. 32). O empirismo que nos revela o fato natural se transforma em conceitos, organizadores do conhecimento, ou seja: construímos o fato histórico.

A construção do conhecimento histórico só é possível mediante pesquisa cientificamente conduzida que possa romper com o imediatismo das sensações empíricas. O sujeito do conhecimento só pode ser, dessa forma, um investigador ou pesquisador. O processo de ensino-aprendizagem confunde-se com a iniciação à investigação, mesmo nos níveis mais elementares da vida escolar. "A pesquisa é assim entendida como o caminho privilegiado para a construção de autênticos sujeitos do conhecimento que propõem a construir sua leitura do mundo" (Knauss, 2004, p. 33).

São conhecidas pela psicologia da educação as dificuldades que por vezes ocorrem na compatibilização entre o conhecimento científico e as expectativas e vivências particulares dos estudantes. Contudo, não acreditamos em uma contradição incontornável entre o saber histórico fundado na pesquisa científica e o universo de cada aluno. As bases racionais devem demonstrar a possibilidade de pensar realidades as mais diversificadas com base em critérios definidos de compreensão e conceitualização. As experiências anteriores dos discentes não podem, sob hipótese alguma, ser descartadas, mas devem ser reelaboradas para não permanecerem no domínio pré-científico do empirismo puro e do senso comum.

Mas do que falamos exatamente quando tentamos apresentar a importância dos procedimentos baseados na ciência para o fortalecimento do processo de ensino-aprendizagem em História? Historicamente, o pensamento científico foi construído a partir de dois modelos principais. De um lado, o modelo identificado com Newton e Galileu, caracterizado pela valorização da experimentação e do tratamento a partir de métodos de indução, sustentando leis gerais, ordenadas pela lógica da causalidade, ou seja, encadeando os fatos de acordo com causas e consequências, em linearidade. O segundo modelo, inspirado na relatividade de Einstein e na mecânica quântica, enfatiza a dedução, salientando a importância da demonstração lógica e chamando a atenção para o indeterminismo e para a elaboração de leis relativas – não universais – condicionadas pela variabilidade dos fatos. Aqui temos, portanto, uma concepção de ciência que não aposta mais na existência de verdades absolutas e acabadas, mas ressalta as verdades relativas e aproximadas. Instaura a noção de *perspectiva*, com o reconhecimento de que não há apenas um único modo de perceber o mundo e a realidade. Assim, de acordo com Knauss (2005, p. 285), "a consequência da relatividade das verdades científicas permite que sua validade, ainda que admitida sob determinadas condições, seja superada, fortalecendo sua identidade com parâmetros mutantes e não constantes. Desse modo, a ciência se distingue do sentido comum do conhecimento".

O que se evidencia desse último modelo – e que consideramos fundamental para os objetivos deste capítulo – é que a ciência não pode ser definida como uma realidade dada e acabada, mas como CONSTRUÇÃO INTELECTUAL. O conhecimento científico é um processo e o próprio sujeito do conhecimento está obrigado, constantemente, a redefinir seus objetos, métodos e perspectivas. O saber daí gerado é marcado pela multiplicidade, que reside na matéria da própria história da ciência.

Tomemos o uso de fontes documentais como um exemplo da importância da racionalidade científica no ensino-aprendizagem de História. Os documentos históricos têm, em geral, sido utilizados muito mais como adereços e complementos aos conceitos e noções trabalhados nos livros didáticos do que como problemas específicos que podem contribuir para a construção do conhecimento histórico em sala de aula. Apenas recentemente os livros didáticos têm recorrido às fontes como meios de submeter os fatos históricos às críticas e interrogações concernentes ao saber historiográfico.

A fonte documental assumiu, na historiografia do século XIX, o valor de PROVA para os historiadores. O documento tornou-se o fundamento do fato histórico, o testemunho escrito irrefutável dos eventos do passado. Ao historiador, isento de qualquer juízo de natureza subjetiva, cabe a tarefa de retirar dos vestígios à sua disposição o que verdadeiramente se sucedeu. Já afirmava Fustel de Coulanges que o melhor historiador é aquele que se mantém o mais próximo dos textos.

A renovação da historiografia francesa com a chamada Escola dos Annales redimensionou a noção de documento por meio de duas propostas fundamentais: em primeiro lugar, questionou-se o pressuposto de que as fontes são reveladoras da verdade histórica de maneira absolutamente cristalina. O historiador, homem do seu tempo, é também marcado por paixões, ideologias e preconceitos, o que acabará se refletindo no tratamento que ele dará às suas fontes. Em segundo lugar, a ampliação dos objetos de estudo passou a exigir outros tipos de documento além daqueles emanados das burocracias estatais. Como tudo é histórico, defendem os Annales, todos os registros – escritos ou não – podem ser apreciados pelo historiador, que deve ampliar seu foco de observação na direção de outras fontes (iconografia, livros, jornais, diários, cartas etc.). Lucien Febvre, um dos principais nomes da renovação historiográfica francesa, assim se exprimia, em um número da revista dos Annales, a respeito da necessidade da ampliação da noção de documento:

> A história faz-se com documentos escritos, sem dúvida. Quando estes existem. Mas pode-se fazer, deve fazer-se, sem documentos escritos, quando não existem. Com tudo o que a habilidade do historiador lhe permite utilizar [...]. Logo, com palavras. Signos. Paisagens e telhas. Com as formas do campo e das ervas daninhas. Com os eclipses da lua e a atrelagem dos cavalos de tiro. Com o exame de pedras feito pelos geólogos e com as análises de metais feitas pelos químicos. Numa palavra, com tudo o que, pertencendo ao homem, depende do homem, serve ao homem, exprime o homem, demonstra a presença, a atividade, os gostos e as maneiras de ser do homem. (Febvre citado por Andrade, 2007, p. 32)

A utilização das fontes com base em uma perspectiva problematizadora é essencial nas séries iniciais do ensino fundamental, uma vez que rompe com o conhecimento pronto e acabado que tanto caracterizou o ensino de História em nossas escolas públicas e particulares, e que situava professores e alunos em uma postura acrítica e passiva, sustentados pelo livro didático, veículo, por excelência, de transmissão do conhecimento.

Dentro da perspectiva de uso das fontes documentais como caminho de uma construção dialogada – entre professores e alunos – do conhecimento histórico, deve-se usar o método indutivo, ou seja, partir do particular e do sensível para atingir o estágio de conceituação e de elaboração de problemas mais abrangentes. A intuição inicial provoca entre o sujeito e o objeto um momento de estranhamento, passo importante para o processo posterior, em que "a crítica dos dados observados e das hipóteses intuídas que demarca a dimensão racionalizadora e a SUPERAÇÃO DAS OBVIEDADES" (Knauss, 2004, p. 38). A leitura crítica dos documentos desdobra-se em um outro momento, o de conceituação, em que a criatividade se manifesta por expressões sintetizadoras. Todo esse processo é, naturalmente, mediado pelo docente, que deve estimular constantemente a problematização ao mesmo tempo em que oferece as informações necessárias.

Esses procedimentos só fazem sentido se a noção de documento que lhes é subjacente ultrapassar o mero caráter ilustrativo dos conteúdos abordados. Apenas assim poderemos superar a tradicional visão da sala de aula como o local da transmissão pura e simples de conhecimentos históricos já prontos.

## 4.3 O trabalho com o texto e as possibilidades da literatura

O trabalho com textos nas aulas de História é ainda predominantemente baseado no uso de livros didáticos. Em muitas localidades, devido aos programas governamentais de distribuição de obras didáticas, esse tem sido o único contato dos alunos com os conteúdos históricos. Como a temática dos livros escolares de História será abordada mais detalhadamente no próximo capítulo, nos dedicaremos aqui a algumas reflexões sobre o uso de textos de outra natureza: literários.

Antes de avançarmos, talvez seja interessante tecermos algumas considerações sobre as relações entre história e literatura. Nos últimos anos, a comunidade de historiadores tem se dividido profundamente no que concerne ao debate a respeito das características literárias do texto historiográfico. A afirmação da história como campo autônomo e científico, ao longo do século XIX, envolveu a rejeição de dois outros saberes que sempre estiveram próximos da nossa disciplina: a literatura e a filosofia. Esse panorama foi reforçado no século XX pelo marxismo e pelos *Annales*, por meio da recusa de ambos do caráter narrativo do discurso histórico. Reforçava-se a separação entre literatura e história, retomando uma concepção que já datava de Aristóteles:

> *não diferem o historiador e o poeta por escreverem verso e prosa* [...], *diferem, sim, em que diz um as coisas que sucederam, e outro as que poderiam suceder. Por isso a poesia é algo de mais filosófico e mais sério do que a história, pois refere aquela principalmente o universal, e esta o particular. Por referir-se ao universal entendo eu atribuir a um indivíduo de determinada natureza pensamentos e ações que, por liame de necessidade e verossimilhança, convém a tal natureza; e ao universal, assim entendido, visa a poesia, ainda que dê nome a suas personagens. Outra não é a finalidade da poesia, embora dê nomes particulares aos indivíduos; o particular é o que Alcibíades fez ou que lhe aconteceu.* (Aristóteles, 1973, p. 443-471)

A separação entre ficção e verdade fora, dessa forma, consolidada. O historiador, preocupado com o que efetivamente ocorrera, não poderia nutrir maiores preocupações em relação às obras literárias. A pretensa cientificidade da disciplina histórica estruturou-se em função dessa distinção. De acordo com Luiz Costa Lima (1984, p. 31), "um verdadeiro veto ao ficcional, um controle do imaginário, decorrente do racionalismo, pôde ser assistido desde meados do século XVIII, atravessando os mais variados discursos, até mesmo os artísticos". Registrar a realidade do passado era, pois, uma prerrogativa que cabia exclusivamente aos historiadores, cada vez mais conscientes do caráter científico do seu ofício.

Foi apenas a partir do final da década de 1970 que os historiadores voltaram-se para os artefatos literários e narrativos da História. O que sustentava essa mudança de posicionamento era a convicção de que, de alguma forma, o texto historiográfico sempre teve que lidar com modalidades de construção narrativa, pois não pode ignorar a necessidade de ordenamento dos fatos e eventos em recortes cronológicos. Portanto, mais do que uma avassaladora novidade, a retomada do debate sobre a narrativa histórica significava a reatualização de um antigo problema. A produção histórica era valorizada não apenas pela escolha dos objetos e pela correta utilização dos referenciais teóricos e metodológicos, mas também pelo estilo de escrita do historiador. A história passou a ser reconhecida também como ARTE. A trama narrativa, urdida na teia de acontecimentos localizados temporalmente, é o que possibilita o historiador resgatar o passado e salvá-lo do esquecimento. Narrar não se torna mais um polo oposto da pesquisa histórica.

A recuperação dos debates sobre a narrativa estava ainda vinculada às incertezas provocadas pelo declínio dos grandes paradigmas que sustentaram, durante o século XX, a crença na possibilidade de uma reconstrução científica do passado. O texto historiográfico, longe de ser a mera expressão de um conjunto de conceitos teóricos e de práticas de pesquisa, é marcado pela subjetividade do historiador, que se evidencia desde o momento em que ele escolhe um objeto de pesquisa, passando pelos locais institucionais nos quais está inserido até chegar aos seus preconceitos e visões de mundo, bem como ao seu estilo de escrita. Esse grande nível de descrença na nossa capacidade de resgatar toda a verdade contida no passado aproxima o nosso texto da construção de uma INTRIGA. Paul Ricoeur (citado por Reis, 2006, p. 136-137) assim situa a questão da narrativa:

> O tempo torna-se tempo humano na medida em que é articulado de maneira narrativa. A narrativa é significativa na medida em que ela desenha os traços da experiência temporal. Esta tese apresenta um caráter circular. A circularidade entre temporalidade e narratividade não é viciada, mas duas metades que se reforçam reciprocamente.

No campo literário, vejamos o que um notável escritor tem a nos dizer dessa reaproximação entre história e literatura:

> parece legítimo dizer que a História se apresenta como parente próxima da ficção, dado que, ao rarefazer o referencial, procede a omissões, portanto a modificações, estabelecendo assim com os acontecimentos relações que são novas na medida em que incompletas se estabeleceram. É interessante verificar que certas escolas históricas recentes sentiram como que uma espécie de inquietação sobre a legitimidade da História tal qual vinha sendo feita, introduzindo nela, como forma de esconjuro, se me é permitida a palavra, não apenas alguns processos expressivos da ficção, mas da própria poesia. Lendo esses historiadores, temos a impressão de estar perante um romancista da História, não no incorreto sentido História romanceada, mas como o resultado duma insatisfação tão profunda que, para resolver-se, tivesse de abrir-se à imaginação. (Saramago, 1990, p. 7-19)

É no bojo dessas tomadas de posição sobre o papel da narrativa que vincula-se o crescimento do interesse pela utilização de textos literários em sala de aula. Partindo dessas questões, Maria Ângela de Faria Grillo apresenta uma interessante proposta para o uso da Literatura nas aulas de História: a literatura de cordel. Inicialmente, deve-se perceber essa forma de construção literária sob diversos níveis: o simbólico, o artístico, o linguístico, o social, o político, o econômico e, especialmente, o histórico. Ao longo de vários anos, constituiu-se em um importante espaço de criação por meio do qual poetas e compositores têm buscado entender o mundo e a realidade histórica que vivem cotidianamente. Bastante comum no nordeste brasileiro desde o final do século XIX, esse tipo de narrativa sempre contou com um público bastante expressivo, apesar dos elevados índices de analfabetismo da região. Seu valor como instrumento de análise histórica é assim sintetizado pela autora:

> O cordel, que através de sua narrativa conta os acontecimentos de um dado período e de um dado lugar, se transforma em memória, documento e registro da história brasileira. Tais acontecimentos recordados e reportados pelo cordelista, que além de autor se coloca como conselheiro do povo e historiador popular, dão origem a uma crônica da sua época. (Grillo, 2003, p. 117)

Os folhetos relatam importantes aspectos da vida cotidiana das comunidades sertanejas e da nossa história:

> Inúmeros são os eventos do século XX contidos nos folhetos, em forma de versos, que relatam o cotidiano da nossa história, em que são dadas representações diferentes das contidas nos livros didáticos. Tais folhetos, além de relatarem eventos sociais, políticos, econômicos – como inundações, secas, casamentos, vitórias eleitorais, instalação de novas leis, vida e morte de homens políticos – servem também para suprir a escassa circulação de jornal no sertão. Ao mesmo tempo que representam uma forma de literatura, informam sobre os acontecimentos da época. O poeta faz uma espécie de reportagem, mas sempre introduzindo novos elementos que os diferenciam dos jornais. Nesse sentido, o folheto de cordel se transforma numa rica fonte de pesquisa para a história, para a sociologia, para a antropologia e para a literatura. (Grillo, 2003, p. 117)

A literatura de cordel guarda forte proximidade com a oralidade que envolve as tradições nordestinas. Nessas circunstâncias, o texto assume uma peculiaridade importante: ele deve assegurar uma fácil compreensão e memorização, tal como se dá com as formas orais. O ponto de vista do texto precisa, o máximo possível, aproximar-se dos leitores. Assim, "fatos de natureza política ou econômica em geral são apresentados enfatizando-se sua repercussão sobre as camadas populares, compostas, no Nordeste, de trabalhadores rurais, vendedores dos mais variados produtos, empregados do comércio, etc." (Grillo, 2003, p. 118).

A criação literária produz imagens e leituras do mundo, abrindo ainda ao leitor outras formas de se ler a realidade a partir dos livros. O que se quer dizer é que as leituras realizadas escapam muitas vezes às intenções originais dos seus autores. Esse pode ser um ponto de partida interessante para a inserção dos folhetos em sala de aula. Os cordéis oferecem uma visão de mundo muitas vezes distinta dos manuais didáticos ou dos textos mais conhecidos sobre temas diversos. Como documento, o texto de cordel deve ser submetido a uma criteriosa crítica: Qual é o seu autor? Que personagens são relatados na história? Como esta se apresenta (reportagem, ensinamento etc.)? Que valores são apresentados (uma visão maniqueísta, uma preocupação com a moral)? O texto tem gírias ou expressões regionais? (Grillo, 2003, p. 121).

Oferecendo um exemplo sobre a literatura de cordel ligada ao cangaço, a autora demonstra as abordagens distintas trazidas pelos folhetos em contraste com os livros didáticos, nos quais os cangaceiros quase sempre são apresentados como marginais, representantes de um certo banditismo social. Nos cordéis, eles são revelados como homens complexos, capazes de alternar atitudes amorosas com a afirmação crua da criminalidade, como demonstra o poema de Chagas Baptista sobre o cangaceiro Antonio Silvino, cantado em primeira pessoa (citado por Grillo, 2003, p. 122):

> Tomei dinheiro dos ricos
> e aos pobres entreguei
> protegi sempre a família
> moças pobres amparei;
> o bem que fiz apagou
> os crimes que pratiquei

O equívoco a ser evitado na utilização da literatura de cordel nas salas de aula é tomar a representação popular como uma expressão cultural pura ou que possa ser essencialmente "mais verdadeira". Os textos de cordel possuem SENTIDOS DIFERENTES para seus autores, ouvintes e leitores. Mas são indubitavelmente fontes importantes para "tentar compreender as visões de mundo, os valores e as expectativas dos cordelistas, sempre em diálogo aberto com um público majoritariamente formado por trabalhadores pobres e despossuídos" (Grillo, 2003, p. 120). A ideia de que os textos de cordel são irredutíveis a uma única possibilidade de leitura ou abordagem é bem amparada pela seguinte reflexão do historiador francês Roger Chartier:

> O "popular" não está contido em conjuntos de elementos que bastaria identificar, repertoriar e descrever. Ele qualifica, antes de tudo, um tipo de relação, um modo de utilizar objetos ou normas que circulam na sociedade, mas que são recebidos, compreendidos e manipulados de diversas maneiras. Tal constatação desloca necessariamente o trabalho do historiador, já que o obriga a caracterizar, não conjuntos culturais dados como "populares" em si, mas as modalidades diferenciadas pelas quais eles são apropriados. (Chartier, 1995, p. 184)

É, portanto, cada vez mais perceptível que a literatura não pode ser negligenciada nas aulas de História e, de um modo mais amplo, nas próprias reflexões dos historiadores. O questionamento da pretensão do texto histórico em oferecer ao leitor a representação fidedigna do passado abre espaço para que possamos perceber os elementos literários e subjetivos pertencentes à produção historiadora.

## Síntese

Este capítulo tratou do ato de sistematizar ou planejar uma aula. Tentamos aqui empreender um caminho pouco usual: em vez de fórmulas prontas a respeito de como organizar uma boa aula de História, pretendemos demonstrar o processo de construção dos conceitos por parte dos estudantes e sua importância no ensino-aprendizagem de História. Confrontamos aqui as concepções de Piaget e Vygotsky. Acreditamos que os conceitos históricos são processos de elaboração conjunta entre professores e alunos e, para que essa prática se concretize, a sala de aula deve ser transformada em um local de pesquisa histórica. Isso, entretanto, só será possível se passarmos a inquirir criticamente nossas fontes históricas e documentos, não os vendo mais sob um prisma meramente ilustrativo dos conteúdos trabalhados, mas como artefatos culturais que precisam ser interrogados. Por fim, consideramos a necessidade de pensarmos outra possibilidade de trabalho com o texto, para além dos livros didáticos: a utilização da literatura nas aulas de História.

## Indicações culturais
### Documentários

HORTA, R. Jean Piaget. Belo Horizonte: Cedic, 2006. (Coleção Grandes Educadores, 57 min.).

Para o entendimento da obra de Piaget, recomendamos a *Coleção Grandes Educadores: Piaget*, um documentário que mostra com clareza os conceitos e a influência desse notável pensador para a educação.

HORTA, R. Lev Vygotsky. Belo Horizonte: Cedic, 2006. (Coleção Grandes Educadores, 45 min.).

Dentro da mesma *Coleção Grandes Educadores*, o documentário sobre Vygotsky é, sem dúvida, uma boa referência introdutória ao pensamento desse educador.

### Filmes

NELL. Direção: Michel Apted. Produção: 20th Century Fox; PolyGram Filmed Entertainment; Egg Pictures. EUA: 20th Century Fox Film Corporation, 1994. 115 min.

O filme *Nell*, dirigido por Michel Apted, conta a história de uma jovem resgatada da floresta por um médico que passa a tentar integrá-la na vida em sociedade. É uma importante reflexão sobre o processo social de aquisição dos sentidos fundamentais.

O QUE É isso, companheiro? Direção: Bruno Barreto. Produção: Luiz
Carlos Barreto Produções Cinematográficas et al. Brasil: Miramax
Films; Riofilmes, 1997. 105 min.

Filmes com temáticas históricas são também recomendáveis. Destacamos aqui O *que é isso, companheiro?*, de Bruno Barreto, que narra a história da luta armada no Brasil contra a ditadura. É de grande importância confrontarmos as representações dos personagens dos filmes com as descrições contidas nos livros didáticos de História e com as memórias pessoais de participantes daquele momento da história brasileira.

## Livro

FONSECA, Rubem. Agosto. São Paulo: Companhia das Letras, 1991.

*Agosto*, romance de Rubem Fonseca, narra a vida policial do comissário Mattos, às voltas com um crime de assassinato. O livro tem como pano de fundo os turbulentos acontecimentos de 1954, que culminaram com a morte de Getúlio Vargas. É, sem dúvida, uma referência importante para refletirmos sobre as relações entre literatura e história.

## Atividades de autoavaliação

1) O trabalho de pesquisa em sala é indispensável para o despertar da consciência histórica entre os alunos. Por outro lado, o uso de fontes documentais nas aulas tem apresentado problemas, que podem ser percebidos:
   a) pela constante redefinição do papel do professor, agora entendido como o agente central na condução do processo de ensino-
   -aprendizagem e definidor dos problemas de investigação em sala.
   b) por uma concepção de fonte que privilegia ainda seu caráter de ilustração da realidade, em vez de interrogá-la em seus próprios aspectos internos.
   c) pelo predomínio de abordagens que privilegiam os aspectos quantitativos dos documentos em uma clara abordagem positivista.
   d) pela reduzida utilização dos livros didáticos em sala de aula, o que retira dos estudantes um guia importante para a contextualização dos documentos que examina.

**2)** Sobre as relações entre texto literário e texto historiográfico, as abordagens teóricas mais recentes têm ressaltado:
a) o caráter estritamente científico do texto historiográfico, não obstante a utilização de recursos literários em sua composição.
b) a aproximação entre literatura e história, por meio da retomada das concepções positivistas do século XIX.
c) a aproximação entre história e literatura, a partir da consideração da relatividade de todo texto historiográfico e do uso – consciente ou não – de recursos literários pelo historiador
d) a crescente interdependência entre literatura e história, o que se revela pela redução da utilização de outras fontes, como as entrevistas orais.

**3)** O trabalho com conceitos em sala de aula supõe enfrentar a questão das vivências históricas anteriores dos alunos. Sobre esse aspecto, é correto considerar que:
a) a consciência histórica é um processo escolar de aquisição de conhecimentos em História. Nesse aspecto, as vivências anteriores são experiências que devem ser superadas pelo conhecimento científico escolar.
b) a herança cultural e familiar que chega aos alunos deve ser reelaborada e dotada de novos sentidos, sendo, assim, o ponto de partida para a conscientização histórica.
c) entre os adeptos do positivismo, a experiência anterior dos estudantes deve ser entendida como um momento de elaboração do conhecimento histórico, visto como não dado *a priori* e construído historicamente.
d) o processo de ressignificação das experiências dos estudantes é conduzido pelo professor, o agente central do processo de ensino-aprendizagem em História.

**4)** Sobre o trabalho com conceitos, pode-se afirmar que:
a) os conceitos são mapas teóricos que servem de subsídio ao trabalho do pesquisador e do professor.
b) a historiografia mais recente, ao dar menos atenção aos fatores subjetivos, recolocou os conceitos e as estruturas como os principais objetos do historiador.

c) os conceitos devem ser apreendidos como categorias não dadas e historicamente desenvolvidas em diferentes tempos e espaços.

d) a historiografia marxista tem procurado se afastar dos conceitos, preferindo uma abordagem que retrate os fatos e as ações dos homens em suas lutas concretas de classe.

5) A análise do passado desdobra-se em conhecimento historiográfico a partir do(a):

a) exame das fontes e da elaboração de uma narrativa que possa retratar a literalidade delas.

b) abordagem quantitativa do trabalho com as fontes. Uma maior amostra de determinadas fontes pode atestar sua veracidade.

c) aplicação dos conceitos conhecidos no presente pelo historiador aos fatos do passado.

d) investigação racional dos fatos vividos e a consequente elaboração de hipóteses explicativas das experiências passadas dos homens.

## Atividades de aprendizagem
### Questões para reflexão

1) O debate acadêmico mais recente recuperou o tema da narrativa. Discuta as aproximações entre texto literário e texto historiográfico.

2) Analise as contribuições conjuntas de Piaget e Vygotsky para o ensino de História.

### Atividade aplicada: prática

1) Sugerimos como atividade prática o exercício de leitura e análise crítica de dois livros didáticos de História, escritos em contextos político--intelectuais distintos. O objetivo dessa atividade é fazer o discente perceber de que forma esses contextos se refletem no conteúdo dos livros analisados. É especialmente importante perceber como os aspectos teóricos do conhecimento histórico – novos objetos, temas e abordagens – vão se manifestando nas obras didáticas analisadas.

Photos to Go

# Praticando a educação histórica: materiais, recursos e experiências didáticas

Talvez tenhamos chegado até este ponto da leitura com algumas poucas certezas e muitas dúvidas: certamente percebemos que o ato de ensinar História não pode mais ser associado a um exercício de domesticação factual e cronológico. Sem ignorar o papel dos fatos e do tempo do relógio, os historiadores admitem que seu ofício busca trazer à tona diferentes interpretações possíveis do passado, relativizar as verdades que supõem uma correspondência imediata entre as experiências históricas dos homens e os registros por eles produzidos, provocar tensões entre estruturas e ações individuais, discutir os limites, enfim, do nosso alcance sobre o passado. Mas a par dessas poucas certezas, persistem dúvidas fundamentais que dão origem a tantas outras dúvidas e angústias por parte de professores e alunos: Como transportar todas essas considerações teóricas inovadoras para a sala de aula, um ambiente ainda intimador e autoritário? Quais materiais, recursos e experiências podem ser utilizados nessa difícil missão? Sem pretendermos oferecer qualquer caminho fácil a ser seguido ou uma receita infalível para solucionar todas essas problemáticas, buscaremos explicitar algumas percepções.

## 5.1 História oral e visitas a museus

Entre as mais recentes metodologias utilizadas pelo historiador, tem crescido em importância o recurso às fontes orais. Algumas instituições, como o Centro de Pesquisa e Documentação de História Contemporânea do Brasil – CPDOC, já organizaram acervos com depoimentos de diversos personagens da história brasileira recente. Em fases iniciais da vida escolar, é comum que os professores recomendem aos alunos que entrevistem membros mais velhos da família ou da comunidade, com o objetivo de estimular a construção de laços entre o passado e o presente. Sem recusar a relevância do trabalho metodológico com entrevistas, destacaremos brevemente alguns cuidados que devem ser verificados.

Uma primeira ordem de questões refere-se ao papel desempenhado pelo entrevistador na constituição do documento oral. Estabelece-se uma relação original entre aquele e os sujeitos da história. Essa dinâmica opera no sentido de dar ao pesquisador a faculdade de "fazer com que esses depoimentos não sejam apenas individuais e fechados sobre si próprios", o que nos sugere a possibilidade de amplos leques interpretativos com "possibilidades quase infinitas e a representatividade bem maior das entrevistas e histórias de vida suscitadas pela pesquisa oral" (François, 1996, p. 9).

A essa vantagem acrescentam-se alguns problemas decorrentes da interação entre pesquisador e entrevistado. O processo de construção do depoimento depende, em larga medida, dos procedimentos adotados pelo entrevistador. As condições de elaboração podem provocar sensações e reações imprevisíveis nos depoentes. Ao relembrar momentos da infância ou dificuldades socioeconômicas, por exemplo, estes podem ser acometidos por fortes momentos de emoção, trazendo reflexos diretos em suas respostas. Retificar as transformações de sentimento ou de atitudes torna-se um problema de quase impossível resolução.

O papel desempenhado pelo historiador em sua relação com as fontes orais é essencialmente distinto daquele que se estabelece com os documentos inanimados. Reside aí um outro problema, pois, diferentemente da fonte escrita, uma testemunha não se deixa manipular tão facilmente e a entrevista gera interações sobre as quais o historiador tem somente um domínio parcial, donde sua intervenção pode ser radicalmente limitada e as respostas obtidas bastante aquém das esperadas. A complexa dinâmica entrevistador-depoente parece-nos muito bem sintetizada por Daniéle Voldman (1996, p. 41):

> Primeiramente, de modo mais ou menos pacífico, a entrevista é um jogo de esconde--esconde entre o historiador e seu interlocutor. O primeiro, instalado numa posição de inquisidor, se apresenta como "aquele que sabe" ou que saberá, porque sua missão é estabelecer a verdade. O segundo, intimado a fornecer informações que permitirão essa operação, frequentemente é forçado a ficar na defensiva, de tão evidente que é a suspeita do entrevistador, enquanto ele próprio sente que possui a força da convicção "daquele que viveu". Assim, enquanto o método referente aos documentos escritos declarativos consiste em praticar uma dúvida sistemática, da

*qual somente o cruzamento com outras informações permite sair, o historiador que ouve a palavra-fonte expressa uma dúvida sobre a dúvida, pois duas subjetividades imediatas se conjugam, tanto para esclarecer quanto para confundir as pistas.*

Outra questão a ser considerada pelo historiador situa-se na representatividade trazida pela história oral. Esta tem um caráter eminentemente individual. O entrevistado tende a falar exclusivamente em seu nome. Como é difícil interrogar um grande número de testemunhas, a entrevista corre o risco de ser demasiadamente limitada. A saída pode estar no confronto desse tipo de fonte com outros corpos documentais.

A diversidade de *status* dos depoentes pode ser mais uma armadilha para o historiador. Os chamados *grandes atores históricos*, em geral conscientes do quanto representam para a história, tendem a revelar um discurso ordenado, estruturado e controlado. Os pequenos personagens, mesmo sem explicitar um sentimento de marginalização, deixam transparecer, em geral, lembranças menos ordenadas e mais espontâneas. O discurso rígido dos primeiros demanda "uma grande vigilância se quisermos superar seu aspecto reconstruído e estereotipado", já que esse grande personagem,

> *consciente de ter uma mensagem a comunicar, fala apropriando-se do passado do grupo, seleciona as lembranças de modo a minimizar os choques, as tensões e os conflitos internos da organização, diminuindo a importância dos oponentes ou então aumentando-a até à caricatura para justificar, por exemplo, afastamentos, partidas e exclusões.* (Voldman, 1996, p. 40)

O testemunho das pessoas simples e dos excluídos apresenta uma dimensão bastante distinta. O entrevistado pode não ter a exata ideia da sua própria importância para a construção histórica. Parece muito mais se submeter aos acontecimentos do que construi-los. O papel do entrevistador aqui não se resume à crítica interna dos depoimentos. Sua atuação pode acelerar a evolução de seu interlocutor, que pode passar da afirmação de sua obscuridade – "nada tenho de interessante para dizer" – à construção de seu próprio relato.

A eleição de certos locais como históricos sempre fez parte da construção dos chamados *lugares de memória*. Utilizemo-nos do historiador francês Pierre Nora (1993, p. 13) para a elucidação dessa expressão:

> Os lugares de memória nascem e vivem do sentimento de que não há memória espontânea, que é preciso criar arquivos, que é preciso manter aniversários, organizar celebrações, pronunciar elogios fúnebres, notariar atas, porque essas operações não são naturais [...]. Os lugares de memória são, antes de tudo, restos.

Assim, prédios, casas, monumentos e igrejas não são objetos naturalmente históricos. Eles tornaram-se históricos por um processo de construção de memória. São, portanto, fontes históricas. Os "rastros" do passado só tornam-se inteligíveis aos nossos olhares contemporâneos por meio de filtros históricos. Essas advertências devem servir para alertar vocês, professores, em relação a uma questão que nos parece fundamental na organização de uma visita ou excursão histórica: o risco de tomar os lugares como sendo naturalmente históricos, sem que se atente aos mecanismos de elaboração de um sentido, ou seja: a "invenção" de certas tradições. Evitemos, dessa forma, o "fetiche do lugar".

Tomemos um exemplo bastante corriqueiro: a visita aos museus. Muitos professores consideram o potencial educativo dos acervos como um valioso instrumento de aprendizagem histórica. Os objetos expostos, dessa forma, ilustram as aulas dadas em sala, fornecem aos alunos um campo visual concreto dos conteúdos ensinados e, principalmente, aos documentos escritos. O perigo a ser evitado é justamente tornar as visitas meros complementos ideais e atrativos, estimulando as crianças a copiarem as legendas e painéis sem uma compreensão mais ampla do significado dos objetos expostos.

Não duvidemos, por outro lado, das possibilidades reais de aprendizagem histórica por meio das visitas aos museus. Porém, os olhares devem ultrapassar o mero interesse por objetos da vida cotidiana de povos passados, dirigindo-se para a compreensão desses artefatos como documentos que servirão de fonte de análise, de interpretação e de crítica por parte dos alunos. Passemos, portanto, da curiosidade à indagação, da contemplação ao questionamento. Um pequeno e valioso roteiro sugestivo foi elaborado por Almeida e Vasconcelos (2005, p. 114):

- Definir os objetos da visita;
- Selecionar o museu mais apropriado para o tema a ser trabalhado; ou uma das exposições apresentadas, ou parte de uma exposição, ou ainda um conjunto de museus;

- Visitar a instituição antecipadamente e alcançar uma familiaridade com o espaço a ser trabalhado;
- Verificar as atividades educativas oferecidas pelos museus e se elas se adéquam aos objetivos propostos e, neste caso, adaptá-los aos próprios interesses;
- Preparar os alunos para a visita através de exercícios de observação, estudo de conteúdos e conceitos;
- Coordenar a visita de acordo com os objetivos propostos ou participar de visita monitorada, coordenada por educadores do museu;
- Elaborar formas de dar continuidade à visita quando voltar à sala de aula;
- Avaliar o processo educativo que envolveu a atividade, a fim de aperfeiçoar o planejamento de novas visitas, em seus objetivos e escolhas.

Acreditamos ser importante destacar aos alunos que os museus são instituições que desempenham um papel de imensa importância na constituição da memória social. Portanto, os objetos ali apresentados e expostos estão carregados de historicidade. Devemos destacar o processo que se desencadeou desde o momento em que a peça foi encontrada até sua transformação em artefato museológico. Noções básicas sobre os LUGARES DE MEMÓRIA e as funções pedagógicas dos museus são igualmente imprescindíveis ao professor que pretende realizar uma visita a essas instituições. Os objetos devem ser compreendidos como integrantes da cultura material do homem, ou seja, como produtos do trabalho humano.

## 5.2 Livro didático

O uso do livro didático em sala de aula, com seus limites, contradições e potencialidades, tem sido objeto de longos debates e discussões envolvendo pedagogos e professores. A diversidade dos posicionamentos em disputa não permite uma abordagem sistemática no âmbito deste capítulo. Nossa proposta é bem mais modesta: realizar algumas breves considerações a respeito das relações entre o livro didático e o docente.

Não podemos perder de vista, inicialmente, que os livros didáticos visam a um público bastante específico, composto por estudantes em idade escolar. A composição da obra a ser utilizada deve levar em conta a linguagem adequada, a construção teórica que obedeça a critérios de idade, como vocabulário, extensão e formatação de acordo com princípios pedagógicos (Bittencourt, 2004, p. 296). Estamos falando, portanto, de um produto que será consumido por clientes bem especiais. O risco que se deve evitar é o de transformar o espaço escolar em um mero "mercado lucrativo da indústria cultural" em meio a professores despreparados e prisioneiros dos livros didáticos, transformados em verdadeiros "pacotes educacionais".

Outro ponto polêmico diz respeito ao caráter ideológico da obra didática. Muitos estudos críticos já foram realizados com o objetivo de desvelar as maneiras pelas quais os livros atuam na propagação de preconceitos, visões de mundo dos grupos dominantes, falsas consciências ou na consolidação de determinados fatos considerados essenciais para a construção de uma memória nacional. Deve-se reconhecer, contudo, que a ideologia é inerente ao livro didático, é estruturante, pois é um dos dispositivos fundamentais do aparelho escolar, *locus* privilegiado de difusão ideológica. Como destaca Gimeno Sacristán (citado por Munakata, 2007, p. 137):

> *Por trás do 'texto' (livros, materiais, suportes vários), há toda uma seleção cultural que apresenta o conhecimento oficial, colaborando de forma decisiva na criação do saber que se considera legítimo e verdadeiro, consolidando os cânones do que é verdade e do que é moralmente aceitável. Reafirmam uma tradição, projetam uma determinada imagem da sociedade, o que é a atividade política legítima, a harmonia social, as versões criadas sobre as atividades humanas, as desigualdades entre sexos, raças, culturas, classes sociais; isto é, definem simbolicamente a representação do mundo e da sociedade, predispõem a ver, pensar, sentir e atuar de certas formas e não de outras, o que é conhecimento importante, porque são ao mesmo tempo objetos culturais, sociais e estéticos. Por trás da sua aparente assepsia não existe a neutralidade, mas a ocultação de conflitos intelectuais, sociais e morais.*

Produto comercial e político-ideológico, o livro didático tem assumido nos países em desenvolvimento um papel cada vez mais proeminente em face do despreparo da maior parte dos professores e da falta de políticas mais sólidas de formação docente. Nesse cenário, o livro passa a orientar passo a passo o ensino, oferecendo tanto ao aluno quanto ao professor um texto programado, fechado e normativo. Resulta daí que a obra didática homogeneíza os docentes, reservando-lhes um papel de simples manipuladores de textos e manuais. Contra essa concepção imobilizadora, sonhemos com práticas inovadoras, interdisciplinares e estimulantes tanto aos olhos dos alunos quanto dos professores; práticas que venham resgatar a liberdade de leitura do livro didático, a livre discussão dos seus temas e a adequação de suas propostas à realidade escolar em questão. Ao invés de material ortodoxo, a obra deve produzir sentidos e significados no âmbito da prática docente. É o que afimar Chartier (1990, p. 123):

> Por um lado, a leitura é prática criadora, atividade produtora de sentidos singulares, de significações de modo nenhum redutíveis às intenções dos autores de textos ou dos fazedores de livros [...] Por outro lado, o leitor é, sempre, pensado pelo autor, pelo comentador e pelo editor como devendo ficar sujeito a um sentido único, a uma compreensão correta, a uma leitura autorizada. Abordar a leitura é, portanto, considerar, conjuntamente, a irredutível liberdade dos leitores e os condicionamentos que pretendem refreá-la.

Atualmente, podemos constatar avanços significativos nas pesquisas e estudos a respeito do livro didático. Os trabalhos mais recentes ultrapassam as abordagens centradas no seu caráter ideológico – sem desconsiderar a importância da sua denúncia – e recaem na compreensão das relações entre conteúdo escolar e métodos de aprendizagem, das articulações entre conteúdo e livro didático como mercadoria, dos vínculos entre políticas públicas educacionais e os processos de escolha desses livros pelos professores e dos diversos usos que professores e alunos fazem do material didático (Bittencourt, 2004, p. 306).

A produção didática de História, no Brasil, tem se caracterizado pela elaboração de uma variedade de textos escolares. Há um avanço na especialização de livros paradidáticos, de temas variados e altamente lucrativos para as editoras, pois são comercializados durante o ano todo e não apenas no início do ano letivo, como as obras didáticas tradicionais. Além disso, verificamos um incremento nas obras dedicadas aos primeiros anos do ensino fundamental, com a inserção de temas como MULTICULTURALISMO, HISTÓRIA LOCAL e IMAGINÁRIO. Observamos também uma "maior preocupação quanto às atividades a ser realizadas pelos alunos, destacando-se uma variedade de exercícios lúdicos" (Bittencourt, 2004, p. 309).

As inovações a partir da quinta série são mais limitadas no que se refere aos conteúdos, são mais evidentes na apresentação formal do livro. Permanece ainda a tradicional divisão cronológica em idades, apesar da existência de algumas obras baseadas na história temática. Destacam-se as obras integradas, em que a História do Brasil, a geral e a da América são apresentadas segundo uma perspectiva sincrônica do tempo histórico. O risco a ser evitado aqui é o de submeter a História do Brasil a uma visão eurocêntrica, fornecendo explicações para os problemas brasileiros a partir de um prisma exclusivamente externo. Algumas coleções incluem documentos históricos de variados tipos, como notícias de jornais, obras literárias e letras de músicas, além de ilustrações, gráficos, mapas e dados estatísticos.

Ainda que algumas características tradicionais persistam, acreditamos que as inovações contidas na produção didática mais atual sinalizam mudanças importantes na concepção de aluno e professor. Como assinala Circe Bittencourt (2004, p. 311):

> Existe a tendência de favorecer a liberdade do professor na realização de suas tarefas, na escolha dos textos e documentos a serem utilizados, na reconstrução dos conteúdos apresentados. É comum encontrar sugestões de leituras de outros livros, de filmes e de consultas na mídia eletrônica. Há também o incentivo a pesquisas complementares, indicando, de maneira implícita, que o livro didático não é e nem deve ser o único material a ser utilizado pelo aluno.

O livro didático deve ainda ser entendido como uma obra pedagógica, que veicula um conjunto sistematizado de conhecimentos definidos a partir de uma determinada concepção da relação ensino-aprendizagem. Além da capacidade de fazer conhecer determinado acontecimento histórico, é necessário identificar como esse acontecimento deve ser apreendido. A seleção de atividades propostas e os encaminhamentos de atividades a serem realizadas pelos alunos são indícios importantes para percebermos se o livro é capaz de "fornecer condições de uma aprendizagem que não se limite a memorizações de determinados acontecimentos ou fatos históricos, mas permita ao aluno o desenvolvimento de suas capacidades intelectuais" (Bittencourt, 2004, p. 315).

## 5.3 Cinema

A proposta de utilizar filmes no ensino de História não é novidade. Em uma obra de 1912, o professor Jonathas Serrano já alertava que "graças ao cinematógrafo, as ressurreições históricas não são mais uma utopia". Esse recurso, acrescentava, poderia fazer com que os alunos aprendessem "pelos olhos e não enfadonhamente só pelos ouvidos, em massudas, monótonas e indigestas preleções" (citado por Bittencourt, 2004, p. 372). Em 1931, a Reforma Francisco Campos recomendava que os estabelecimentos de ensino brasileiros utilizassem a iconografia como ferramenta de ensino, alegando que os alunos tinham uma natural inclinação pelas imagens. Em 1937, foi criado o Instituto Nacional de Cinema Educativo (Ince), que teve como seu primeiro diretor o pioneiro Roquette Pinto. Logo no seu primeiro ano de funcionamento produziu dois filmes sobre história do Brasil, O descobrimento do Brasil e Os bandeirantes, ambos dirigidos por Humberto Mauro. A perspectiva do Ince era a de utilização dos filmes com o intuito de promover a história oficial e de "sacramentar mitos nacionais" (Abud, 2003, p. 187).

A incorporação sistemática da produção cinematográfica à reflexão dos historiadores ganhou fôlego a partir dos anos 1970, no âmbito dos debates em torno da ampliação e diversificação das fontes históricas. Os trabalhos do historiador francês Marc Ferro foram fundamentais para a abertura de novas questões e problemas no uso dos filmes por parte do historiador. Suas análises sobre as produções do período nazista ajudaram a compreender que a imagem, longe de retratar fielmente a realidade, a reconstrói, mediante uma linguagem própria, produzida em determinado contexto histórico. A metodologia que empregava consistia em uma abordagem que procurava integrar o filme propriamente dito ao chamado *não filme*: autor, produção, público, crítica, regime político. Outro autor francês, Pierre Sorlin (1977), entende que a leitura de um filme deve considerar as técnicas de produção, os grupos que interagem na sua elaboração, a política cultural e a sociedade que a produz e consome. Essa abordagem procura integrar os aspectos formais da produção do filme e as variáveis sociais, culturais, políticas e ideológicas. O filme aparece aqui como um TEXTO VISUAL, um artefato cultural que merece tanto uma análise interna quanto externa, entendendo-se, nesse último caso, a vinculação que a obra cinematográfica tem com a sociedade como um todo. Segundo Mônica Kornis (1992, p. 248), três são os aspectos mais importantes na análise dos filmes como fontes históricas:

a) *os elementos que compõem o conteúdo, como roteiro, direção, fotografia, música e atuação de atores;*
b) *o contexto social e político de produção, incluindo a censura e a própria indústria do cinema;*
c) *a recepção do filme e a recepção da audiência, considerando a influência da crítica e a reação do público segundo idade, sexo, classe e universo de preocupações.*

Décadas de desenvolvimento tecnológico colocaram os filmes definitivamente no cotidiano dos alunos, por meio do cinema ou da televisão. Superou-se hoje em dia a crença de que a televisão e o cinema seriam empecilhos ao processo educacional, pois desviariam os estudantes da aprendizagem dos conteúdos curriculares, considerados como aqueles exclusivamente vivenciados em sala de aula. Também já não se aceita a ideia de que cinema e televisão sejam diversões típicas de iletrados ou das camadas menos cultas da sociedade. Como salienta Kátia Maria Abud, as imagens cinematográficas "provocam uma atividade psíquica intensa feita de seleções, de relações entre elementos da mesma obra, mas também com outras imagens e com representações criadas e expressas por outras formas de linguagem" (Abud, 2003, p. 188). O recurso aos filmes torna-se uma prática cada vez mais difundida. Por outro lado, convém considerarmos qual tipo de trabalho está sendo realizado. As obras cinematográficas são complementos às aulas dadas em sala? Elas podem ser vistas como uma "ressurreição do passado"?

A aprendizagem de conteúdos históricos por intermédio da visão e da audição é incontestavelmente estimulante e muitas pesquisas já comprovaram que esses dois sentidos facilitam bastante a absorção e a retenção daquilo que é transmitido pelas imagens. Devemos considerar, entretanto, que isso é insuficiente para a construção do conhecimento histórico. O filme, dessa forma, não pode ser considerado um instrumento absoluto, revelador da realidade e capaz de substituir outras ferramentas didáticas de extrema importância, como os livros e textos em geral. Ele não pode ser a simples tradução em imagens de um conhecimento histórico que se ensina sem apreciação crítica.

Se admitirmos a hipótese de que a obra cinematográfica não ilustra nem reproduz a realidade, mas atua na sua construção a partir de uma linguagem que é produzida em um determinado contexto histórico, a utilização de filmes em sala de aula como recurso na aprendizagem histórica deve se fundamentar em uma proposta pedagógica sólida e consistente.

Em geral, esperamos de um filme histórico a possibilidade de oferecer o maior número possível de informações sobre um determinado acontecimento ou personagem. Porém, essas informações só exercerão uma contribuição efetiva para a construção do conhecimento histórico se articuladas a esquemas e estruturas mentais que "irão enriquecer o repertório cognitivo ou simbólico daquele que aprende" (Abud, 2003, p. 189). Estamos diante, portanto, de um processo que privilegia muito mais a dimensão formativa do que informativa, pois valoriza as operações mediante as quais o conhecimento é gerado.

Uma outra ordem de questões foi levantada por Alcides Freire Ramos. Para esse autor, os debates em torno da introdução do material audiovisual nas aulas recolocam alguns dos problemas já largamente discutidos em relação ao uso dos livros didáticos, ou seja: as mesmas distorções verificadas no trabalho com os manuais escritos podem se reproduzir nas abordagens que incorporam as imagens. O risco maior é que o professor se torne também um refém dos filmes e programas de vídeo, fazendo deles um refúgio seguro das aulas, reproduzindo o volume de informações contidas nesses materiais sem questionar o processo de sua produção. A transmissão dos conteúdos altera-se apenas no que diz respeito aos seus instrumentos:

> Diante desse quadro, o que parece preocupante em relação à introdução do material audiovisual nas salas de aula, por meio dos aparelhos de vídeo cassete [DVD], é a sua capacidade em aprofundar ainda mais esta situação de alienação em que está metido o professor de História. O APELO DA IMAGEM, DO SOM, DA POSSIBILIDADE DE VOLTAR QUANTAS VEZES FOREM NECESSÁRIAS AO PONTO TRATADO, A FAMILIARIDADE DO CORPO DISCENTE COM ESTE NOVO INSTRUMENTO (QUASE TODOS POSSUEM TV EM SUAS CASAS, MESMO AQUELES ORIUNDOS DOS SEGMENTOS POPULARES); TUDO ISSO FAZ DO INSTRUMENTO TÉCNICO AGORA DISPONÍVEL ALGO MUITO SEDUTOR, QUASE IRRESISTÍVEL. Ora, nas atuais condições, o problema apresenta-se do seguinte modo: os conteúdos antes trabalhados

exclusivamente com o uso do texto do livro didático, agora estão disponíveis também pelo uso do aparelho de vídeo-cassete [DVD]. Em suma: acrescentou-se mais um suporte material para oferecimento de informações, mas não foram modificados os aspectos essenciais e perversos do processo de ensino-aprendizagem dominante. Muitas vezes, introduzir (ou estimular) o uso do vídeo-cassete [DVD] na sala de aula é, portanto, uma iniciativa que se apresenta como inovadora, mas que, na realidade, possui desdobramentos conservadores. É o que pode ser observado em muitas das propostas feitas atualmente. (Ramos, 2002, p. 108, grifo nosso)

Ramos oferece um exemplo do conservadorismo que pode envolver propostas aparentemente carregadas de fundamentos inovadores. A Fundação de Desenvolvimento da Educação, em 2002, promoveu a montagem de um grande acervo de filmes educativos para as escolas públicas. Além disso, foram organizados textos complementares com informações a respeito de cada título do acervo, prevendo-se ainda a utilização à distância desses materiais. A comissão dedicada a selecionar as obras a serem utilizadas esteve totalmente distanciada da rede pública de ensino, tomada exclusivamente como mera receptora de artigos em relação aos quais não teve qualquer participação na escolha. Além disso, os textos contendo informações complementares foram escritos por professores universitários, novamente sem qualquer ligação com a realidade que se pretendia contemplada. Dessa forma, reproduz-se a velha e perniciosa dicotomia: os professores dos ensinos médio e fundamental são vistos como meros repetidores de conteúdos e propostas elaboradas na academia. O problema se torna ainda mais grave quando se percebe que

os textos são justaposições de dados históricos que não formam um todo orgânico. E levam, em última análise, a tratar o filme como mero complemento do livro didático (texto). É como se as informações pudessem ser veiculadas do mesmo modo por meios de expressão diferentes. O filme exibido por meio do vídeo-cassete [DVD] reforça, enfatiza ou confere materialidade, de modo atraente e divertido àquilo que se lê no livro didático. Não há contradição entre eles. Não há debate historiográfico. Não são problematizados os aspectos ligados à linguagem cinematográfica, ou, em outros termos, não são debatidas as maneiras específicas (ou não) que o cinema tem à sua disposição para produzir interpretações. Portanto, de um lado, fala-se do filme com base num simples resumo de enredo. De outro, apresenta-se o assunto por meio *da compilação de informações retiradas da bibliografia especializada. O Cinema e a História são colocados lado a lado, permanecendo justapostos, ao invés de serem vistos de maneira orgânica, o que poderia colocar em relevo as inter-relações e conexões.* (Ramos, 2002, p. 109)

Uma alternativa para esse estado de coisas talvez resida na aproximação entre a cultura cinematográfica e a cultura vivenciada pelos alunos. Importa saber inicialmente qual a concepção de obra cinematográfica que os estudantes possuem. Como escolhem um filme para assistir? Quais gêneros os atraem? Por que outros estilos são preteridos? Quais os elementos que são valorizados em um filme? A atuação dos atores? O enredo? A fotografia? Quanto custa uma produção cinematográfica? Por que a maioria dos filmes exibidos no Brasil é norte-americana? Esses questionamentos, alerta Bittencourt (2004, p. 377), são importantes para que os alunos possam se perguntar a respeito daquilo que assistem e refletir sobre como captam as informações das imagens cinematográficas e se posicionem criticamente como espectadores.

O tratamento do filme poderá seguir os pressupostos metodológicos de análise interna – conteúdo, personagens, acontecimentos principais, cenários, lugares etc. – e externa – ano, país, contexto socioeconômico, condicionantes materiais da produção etc. Uma reflexão toda especial deve ser feita considerando-se o próprio meio de veiculação do filme. Com a popularização dos aparelhos de DVD, a tarefa do professor de recortar, voltar ou adiantar cenas torna-se imensamente facilitada. Além disso, é relativamente simples a produção de vídeos por parte dos próprios estudantes, situação que possibilita a compreensão do processo de produção das "imagens cinematográficas" (Bittencourt, 2004, p. 377).

Uma das propostas mais interessantes de utilização dos filmes em sala de aula foi apresentada por Carlos Vesentini. Para esse pesquisador, é possível tomar as imagens cinematográficas como verdadeiros textos. Nesse sentido, elas podem sofrer recortes e omissões, sendo apresentados apenas os trechos que interessam em relação aos conteúdos trabalhados. Esse recurso de selecionar as imagens produz um processo de "desmontagem do filme", conforme assinala Vesentini (1997, p. 165): "Trata-se de subdividir o filme em vários blocos, em pequenas cenas, atendendo a interesses de conteúdo. É difícil sua efetivação em sala de aula, dado o tempo exigido. Mas, por ela, o professor amplia tanto o seu domínio sobre o filme quanto define melhor uma bibliografia de leitura prévia para o trabalho com o filme".

O trabalho com películas cinematográficas em sala de aula não pode ser negligenciado. Com efeito, verifica-se na atualidade um incremento cada vez maior nas propostas pedagógicas que incentivam o uso de filmes para o processo de ensino-aprendizagem em História. Por outro lado, cabe salientar que o que parece inovador à primeira vista pode, na realidade, estar permeado de conservadorismo. Caso o filme funcione como uma mera substituição do texto didático e seja apresentado como um instrumento capaz de transmitir informações históricas na maior quantidade possível mediante uma linguagem alternativa mais aprazível aos estudantes, pouco se terá avançado. Do mesmo modo, as iniciativas privadas ou governamentais que excluam professores e alunos do processo de definição daquilo que deverá ser assistido apenas reforçam o AUTORITARISMO que parece nunca nos ter abandonado quando falamos de políticas pedagógicas. No caso dos professores, há o risco de reiterar sua posição menor, seu papel coadjuvante nos avanços tecnológicos incorporados às salas de aula, ampliando sua desvalorização social já tão presente nos baixos salários e nas precárias condições de trabalho de sua maioria.

Acreditamos que a possibilidade de sucesso na utilização de filmes no ensino de História depende fundamentalmente da posição em que os professores e alunos ocuparão nessas propostas. Eles não podem ser, sob hipótese alguma, meros espectadores e consumidores de filmes e programas de TV previamente selecionados. Há a necessidade de os professores possuírem um conhecimento mínimo da linguagem cinematográfica. As estratégias de abordagem serão mais frutíferas se os filmes forem confrontados com outros filmes e fontes históricas, gerando problematizações, questionamentos e, principalmente, noções a respeito da construção do conhecimento histórico por meio do cruzamento de pontos de vista, de contradições e de confrontos discursivos. Por fim, convém enfatizar a urgente necessidade de professores e alunos serem dotados de condições materiais e financeiras de PRODUZIREM SEUS PRÓPRIOS TRABALHOS COM AUDIOVISUAL, escapando da condição de simples receptores e consumidores de materiais por eles não escolhidos.

## 5.4 Iconografia

Não é difícil perceber como as imagens sempre acompanharam a trajetória humana desde as pinturas parietais, no tempo das cavernas, até a atual difusão de imagens por meio da televisão, internet, DVD, *outdoors* etc. Por outro lado, os historiadores ainda se sentem em dificuldades no trato com os documentos visuais e permanecem, muitas vezes, excessivamente apegados às fontes escritas, supostamente mais reveladoras do "real" (Gaskell, 1992, p. 237). O risco dessa atitude é ignorar a possibilidade de apreensão do passado de povos inteiros que, ou não conheciam a escrita, ou não se expressavam primordialmente por meio dela. Comunidades de trabalhadores, por exemplo, que não utilizavam a linguagem escrita, podem ter suas experiências e expressões reconhecidas por álbuns de fotografias. Ainda sobre o perigo de nos afastarmos das imagens, o historiador Knauss (2006, p. 100) assinala:

> Desse modo, desprezar as imagens como fontes da História pode conduzir a deixar de lado não apenas um registro abundante, e mais antigo do que a escrita, como pode significar também não reconhecer as várias dimensões da experiência social e a multiplicidade dos grupos sociais e seus modos de vida. O estudo das imagens serve, assim, para estabelecer um contraponto a uma teoria social que reduz o processo histórico à ação de um sujeito social exclusivo e define a dinâmica social por uma direção única.

A historiografia do século XX teve como uma de suas características mais importantes a redefinição da ideia de documento. Passa-se a admitir que a História deva tomar como seu objeto de estudo as formas de PRODUÇÃO DE SENTIDO. Os significados são construídos historicamente e não dados *a priori*. Os diversos elementos culturais produzidos pela sociedade – o que inclui textos e imagens – podem ser analisados sob uma perspectiva de confronto de discursos. Todas as formas de elaboração humana devem, portanto, ser objetos de atenção por parte dos historiadores:

> A diversidade dos documentos é quase infinita. Tudo que o homem diz ou escreve, tudo que fabrica, tudo que toca pode e deve informar sobre ele. É curioso constatar

*o quão imperfeitamente as pessoas alheias ao nosso trabalho avaliam a extensão dessas possibilidades. É que continuam a se aferrar a uma ideia obsoleta da nossa ciência: a do tempo em que não se sabia ler senão os testemunhos involuntários.* (Bloch, 2001, p. 79-80)

O privilégio conferido aos documentos escritos produziu um uso bastante específico das fontes visuais: elas devem servir como ilustração, uma confirmação daquilo que é revelado pela escrita. O passado, em sua multiplicidade de vestígios e experiências é, dessa forma, reduzido a uma narrativa linear e evolucionista desconhecedora dos muitos usos que os homens de outros tempos fizeram dos materiais à disposição. O questionamento dessa concepção cientificista da História proporcionou também o alargamento do conceito de DOCUMENTO HISTÓRICO. Os indícios do passado passam a ser encarados como o esforço de gerações para transmitir uma ideia de si mesmas e de sua época. A afirmação dos conceitos de mentalidades e representação, a aproximação com a Antropologia e o avanço dos estudos de História Cultural significaram "um reencontro com o estudo das imagens" (Knauss, 2006, p. 102). As profundas mudanças verificadas na vida social, em virtude dos avanços tecnológicos, redefinem as relações entre os significados (as representações) e os significantes (palavras e imagens). Podemos hoje afirmar que nossa percepção da REALIDADE, sem que isso signifique rejeitá-la, é mediada por símbolos e linguagens que também constituem uma outra realidade. Os fatos históricos, portanto, apresentam uma DIMENSÃO SIMBÓLICA que não pode ser negligenciada por professores e alunos.

Considerando que os livros didáticos são ainda o principal veículo de acesso ao conhecimento histórico que os alunos possuem, discutiremos alguns aspectos da utilização de imagens nessas obras. As questões que nos parecem relevantes podem ser sintetizadas da seguinte maneira: Como são realizadas as leituras de imagens nos livros didáticos? As imagens complementam os textos dos livros ou servem apenas como ilustrações que visam tornar as páginas mais atrativas para os jovens leitores? (Bittencourt, 2005, p. 70).

Os livros são, em primeira instância, mercadorias e, como tais, se destinam ao mercado. Isso significa que sua materialidade é prevista para funcionar como um produto a ser consumido, o que traz importantes implicações. O processo de feitura dos livros pouco tem a ver com as intenções dos seus autores. A organização das leituras e dos textos deve estar articulada a uma linguagem acessível aos estudantes. Em outras palavras, os livros didáticos, ao transporem o saber acadêmico para o saber escolar, criam "padrões linguísticos e formas de comunicação específicas ao elaborar textos com vocabulário próprio, ordenando capítulos e conceitos, selecionando ilustrações, fazendo resumos, etc." (Bittencourt, 2005, p. 72). São ainda portadores de valores, de uma cultura, ou seja, carregam uma *ideologia*. As imagens podem ser transmissoras de estereótipos e preconceitos que visam à aceitação geral de visões de mundo e ideologias de grupos sociais específicos.

Esses fatores não podem estar ausentes de qualquer análise sobre o papel das imagens nos livros didáticos e no processo de ensino-aprendizagem em História. Essa preocupação remonta à historiografia francesa do século XIX. Vejamos o que nos diz um importante historiador desse período, Ernest Lavisse:

*As crianças têm necessidade de ver as cenas históricas para compreender a história. É por esta razão que os livros de história que vos apresento estão repletos de imagens. Desejamos forçar os alunos a fixarem as imagens. Sem diminuir o número de gravuras que existiam no texto, compusemos novas séries delas correspondendo a uma série para cada livro. Cada série é acompanhada de questões que os alunos responderão por escrito, após terem olhado o desenho e feito uma pequena reflexão sobre ele. É o que denominamos de revisão pelas imagens e acreditamos que este trabalho possa desenvolver a inteligência das nossas crianças ao mesmo tempo que sua memória.* (citado por Bittencourt, 2005, p. 75)

Esse tipo de proposta de utilização das imagens parece-nos ter um objetivo bem delimitado e preciso: as fontes visuais são instrumentos que ajudam o aluno a fixar os conteúdos escritos. A memorização é a principal estratégia de aprendizagem e as imagens funcionam como elementos que facilitam a aquisição do conhecimento histórico. Nesse sentido, elas devem estar sempre mescladas aos textos, ilustrando-os. Essa forma de conceber o documento visual teve larga influência no Brasil. As gravuras utilizadas em livros de História Geral eram retiradas dos compêndios franceses. Novamente devemos nos lembrar que estamos diante de um produto que será comercializado. As imagens devem ser sempre atrativas, especialmente para o ensino fundamental, em que elas são primordialmente coloridas e ocupam um grande espaço na obra. É preciso seduzir pelo olhar e as imagens vindas da França ocuparam muito bem esse papel.

No caso dos livros de História do Brasil, as editoras preocuparam-se em constituir um acervo que foi constantemente impresso nas obras. As principais reproduções são de obras do século XIX, que foram criadas no momento em que o nosso país buscava afirmar sua identidade no concerto internacional das nações. A iconografia foi, portanto, importante para a veiculação de representações de valores e crenças importantes na construção da "narrativa da nação", tarefa a qual muitos livros foram assiduamente fiéis. São particularmente importantes, nesse sentido, as imagens elaboradas desde o século XVI que retratam índios, negros e brancos, indicando o lugar, os costumes e os hábitos de cada um desses grupos étnicos. Para o período republicano, a ideologia nacionalista passou a investir seriamente na fotografia, retratando as principais figuras políticas brasileiras. Essa galeria tinha a função pedagógica de fazer os alunos reconhecerem uma linha de continuidade entre os homens da nossa República e os grandes personagens que ajudaram a construir a nação.

Essa feição exclusivamente ilustrativa da fonte visual pode, obviamente, ser estendida para outros temas e recortes temporais. Mesmo entre estudos, por exemplo, a respeito dos movimentos operários, podemos ter essa perspectiva da fixação de conteúdos pela via das imagens. Gravuras ou fotografias de operários em uma fábrica podem ser, sem dúvidas, um recurso eficiente para que os alunos percebam a dureza das condições às quais estão submetidos milhares de trabalhadores. Mas podem também servir como ilustração de uma concepção ossificada de classe social como a simples posição dos indivíduos diante do processo produtivo. Assim, as imagens da fábrica representam fielmente a figura do proletário em oposição à do burguês, sem qualquer indagação a respeito do sentimento de pertencimento de classe, dos processos de tomada de consciência, das relações socioculturais que mantêm entre si etc.

Podemos e devemos romper com esse tipo de uso da iconografia. O primeiro passo é chamar a atenção para o fato de que a imagem, longe de se constituir em um simples retrato da realidade, carrega consigo uma série de questões intrigantes. Como exemplo, tomemos a seguinte análise sobre a fotografia:

> A *fotografia como linguagem documental* representa uma dada realidade em um determinado momento. O fotógrafo é um sujeito que conhece o tema que está sendo registrado, uma pessoa que tem um olhar direcionado e cheio de significados e significantes. Entre os dois momentos fotográficos, a criação e a produção, o fotógrafo

> *é envolvido em um conjunto de decisões que vão desde a escolha do filme (marca, asa, cor) até a qualidade do papel no qual o filme será revelado. São os detalhes referentes à intensidade da luz, cor, velocidade, aproximação, tipo de lente existente no momento da fotografia, que dão ao fotógrafo a concretude das suas intenções. Não é indiferente fotografar uma dada realidade com um filme preto e branco ou com filme colorido: os resultados são distintos. Quando se quer dar à fotografia um ar mais intimista, explora-se o filme em preto e branco, jogando com momentos em claro e escuro, sempre na dimensão dos contrastes. Assim, também não é indiferente ao fotógrafo a utilização de um papel brilhante ou opaco, ou mesmo dar à fotografia um tom amarelado, envelhecido. A fotografia é um tipo de representação que expressa a relação existente entre dois sujeitos: o fotografado e o fotógrafo. Este último tem uma ideologia e uma intenção expressas na escolha do outro sujeito a ser fotografado, atribuindo-lhe símbolos de vida. Para o fotógrafo, é uma representação particular, única. [...] Nesse sentido, a representação do real é em si mesma uma transformação do próprio real. Ao pensar neste real, o fotógrafo pensou em todos os referenciais que estão ao seu redor. Portanto, a fotografia não é apenas uma ilustração, é um documento direcionado. Cada fotografia tem um significado e gera significantes, cada pessoa que olha uma fotografia ou um desenho, passa a lê-los com um determinado olhar e busca nestas representações uma mensagem.* (Zamboni, 1998, p. 91)

Em sua dissertação de mestrado, Paulo H. P. Borges sinaliza para as diferentes formas de apropriação e de criação de novos significados que as fontes visuais podem propiciar. Trabalhando com imagens produzidas por Debret a respeito do cotidiano indígena – que relatam, obviamente, o ponto de vista de um branco europeu –, Borges realiza um valioso exercício de reconstrução de memória ao solicitar aos indígenas com os quais entrou em contato que escrevessem algo sobre as imagens do citado viajante para, em seguida, elaborarem um novo desenho, ou seja, uma nova representação. A nova gravura perdeu as marcas tipicamente "europeias" de Debret. As mulheres perderam os traços "brancos", aproximando-se mais do cotidiano da vida indígena e a autoridade do cacique foi mais enfatizada nas novas gravuras (Borges, 1998).

A imagem original foi, portanto, dotada de novos significados a partir do contexto histórico de índios que estão inseridos numa escala sociocronológica bem posterior ao momento em que Debret elaborou sua obra. Os indígenas traçaram outros sentidos para a problemática originalmente apresentada a partir de seus valores específicos e de suas formas próprias de ler o mundo e a realidade. E isso, como vimos, também se deu por meio de palavras, uma vez que um texto foi produzido. Em vez de mera ilustração de uma realidade que se tem como estabelecida e reconstruída pelos historiadores, a imagem foi transformada em DOCUMENTO HISTÓRICO, ou seja, um artefato cultural produzido por homens de uma determinada conjuntura histórica. Essa representação historicamente localizada certamente vai perder o seu sentido primeiro de acordo com cada momento histórico em que for apreciada. O mesmo ocorre com palavras e conceitos.

Em sala de aula, é fundamental que os alunos percebam a historicidade das fontes visuais e entendam que elas não possuem um sentido unívoco ou uma única explicação. Os significados se modificam ao longo do tempo, no que podemos chamar de uma verdadeira *guerra de interpretações*. É importante que os professores trabalhem os conceitos espontâneos dos alunos para que eles sejam confrontados com os documentos originais e mesmo com outras fontes, pois "o aluno aprende um conceito no momento em que sabe usá-lo em situações concretas e, paulatinamente, vai interiorizando-o a ponto de aplicá-lo em outras situações" (Zamboni, 1998, p. 95). Não se trata de assumir que qualquer interpretação seja válida e que a REALIDADE HISTÓRICA teria desaparecido nesse mar de novos significados e sentidos, mas de admitir que, com as mesmas fontes, são possíveis DIVERSAS LEITURAS do passado a partir das condições específicas de cada época.

## 5.5 *Softwares* e internet

Generalizou-se a ideia de que o ANALFABETISMO TECNOLÓGICO é tão nocivo quanto o analfabetismo formal ou funcional. As tecnologias de informação, afirma-se, ocuparam um lugar tão destacado na vida contemporânea que não dominá-las significa estar em descompasso com o nosso tempo. Governos de diversas tendências político-ideológicas equipam cada vez mais as escolas com computadores, certos de que estão realizando investimentos seguros na formação das crianças. Essa crença se fundamenta nas transformações operadas na informação e na comunicação, a partir da expansão dos computadores pessoais e do acesso à internet, atingindo não apenas o âmbito da vida privada (lazer, convívio pessoal), mas também as atividades especializadas de trabalho e pesquisa, incluindo aí o processo de ensino-aprendizagem (Fonseca; Silva, 2007, p. 109). O desenvolvimento de computadores cada vez mais sofisticados e de equipamentos eletrônicos, de um modo geral, produziu novas formas de sensibilidade e percepção. As maneiras de entendimento da realidade se alteraram e a própria noção do que venha a ser o real também passou por transformações.

Não há dúvidas de que os benefícios produzidos pelo desenvolvimento cada vez maior da informática podem traduzir-se em avanços no ensino de História. Uma quantidade inimaginável de informações na forma de textos históricos, imagens, músicas e vídeos tornaram-se disponíveis, nos últimos anos, na internet. Não podemos deixar de reconhecer as oportunidades que esse gigantesco acervo virtual oferece. Bibliotecas inteiras podem ser acessadas, arquivos completos podem ser consultados em *sites* de instituições de pesquisa e fontes diversificadas de conhecimento podem ser encontradas em toda a rede. Porém, algumas observações são aqui também necessárias, sem que estas devam ser vistas como qualquer desestímulo à incorporação das tecnologias de informação ao processo de ensino-aprendizagem.

O excessivo uso da informática não pode de forma alguma diminuir o papel do professor como agente fundamental – mas não exclusivo – da dinâmica de sala de aula. Não podemos deixar que os computadores substituam o docente na missão de estimular os alunos à REFLEXÃO HISTORIOGRÁFICA e à pesquisa. Os recursos tecnológicos não devem ser os atores centrais. A tarefa de acompanhamento da aprendizagem, do estar próximo do estudante e do vivenciar suas angústias, incertezas e conquistas é ainda do professor. Fonseca e Silva (2007, p. 115-116) nos advertem:

> O *pior risco oferecido pela informática para o ensino é a tola sensação de que os sujeitos e instrumentos clássicos da aprendizagem caíram em desuso. Sem professores, prédios escolares, convívio entre colegas de estudo, laboratórios e bibliotecas materiais, o processo de estudo pode se tornar muito mais frágil do que tem sido até agora. Isso para não falar das escolas que instalam belos computadores e não sabem direito o que fazer com aquela aparelhagem, que se transforma num elefante branco de alta tecnologia.*

Sem discordar das inúmeras potencialidades do uso das tecnologias de informação, convém perguntarmos se de fato o recurso à informática tem significado uma ampliação das possibilidades de inclusão e de exercício efetivo da democracia. Vejamos uma opinião do sociólogo português Boaventura Sousa Santos (1998, p. 8):

> Um dos paradoxos da sociedade de informação é que, quanto mais vasta é a informação potencialmente disponível, mais seletiva é a informação efetivamente posta à disposição dos cidadãos. E, como nesse tipo de sociedade o exercício ativo da cidadania depende mais do que nunca da informação que o sustenta, a luta democrática mais importante é a luta pela democratização dos critérios da seleção da informação.

Os computadores não possuem vida própria. Eles são instrumentalizados pelos educadores e os usos que daí são feitos podem representar tanto um salto em direção ao aumento da democratização social quanto um retrocesso. Reforçar a utilização da informática como necessidade inelutável é manter os olhos voltados para uma única direção, desconsiderando as diversas outras formas de abordagem do processo histórico. O Brasil ainda apresenta índices baixos de acesso à informação tecnológica. Não podemos tomar os computadores como uma panaceia capaz de resolver todos os males da nossa educação. A realidade nos obriga, muitas vezes, a tomar caminhos diversos, ensaiar posturas alternativas. A incorporação das novas tecnologias de informação ao ensino deve emergir, portanto, da ação consciente e acompanhada da adequação à realidade da unidade escolar:

> A reflexão, como princípio didático, é fundamental em qualquer metodologia, levando o sujeito a repensar o processo do qual participa dentro da escola como docente. A formação deve considerar a realidade em que o docente trabalha, suas ansiedades, suas deficiências e dificuldades encontradas no trabalho, para que consiga visualizar a tecnologia como uma ajuda e vir realmente a utilizar-se dela de forma consciente. (Mercado, 2002, p. 21)

O admirável mundo novo tecnológico certamente alterará nossos paradigmas educacionais, ainda que estejamos longe da universalização do acesso à informática e necessitemos, cada vez mais, de políticas governamentais de inclusão digital. O equilíbrio entre ação docente e recursos tecnológicos é certamente o marco que sinalizará para a educação do futuro. Estamos plenamente cientes, portanto, da necessidade de ultrapassar a noção de que o computador serve como fornecedor de informações que complementam ou ilustram os conteúdos dos livros e das aulas. Os conteúdos que buscamos nos computadores devem também ser vistos como documentos ou fontes históricas com toda a carga crítica que deve pesar sobre eles. Nenhuma fonte – material ou virtual – deve causar indiferença no processo de ensino-aprendizagem em História, mas todas elas são meros registros se não forem submetidas ao tratamento crítico pelos historiadores e professores.

## Síntese

Nos capítulos anteriores, tentamos fundamentar nossas posições teóricas e metodológicas acerca do processo de ensino-aprendizagem em História. Discutimos, entre outras questões, o papel do aluno como agente histórico e produtor de conhecimento, a importância das fontes e do trabalho de pesquisa em sala de aula e a crítica constante dos produtos do nosso trabalho intelectual, bem como da própria noção de verdade histórica. Acreditamos, com isso, ter preparado o caminho para este capítulo que pretende sugerir algumas possibilidades práticas de aplicação daquelas discussões. Para tanto, escolhemos abordar os seguintes temas: história oral e visitas; livro didático; cinema; iconografia; *softwares* e internet.

## Indicações culturais
### Livro

REGO, J. M. R.; MORAES, J. G. V. de (Org.). CONVERSAS COM HISTORIADORES BRASILEIROS. São Paulo: Ed 34, 2002.
Muitos são os livros editados com base em entrevistas de intelectuais, artistas, esportistas, entre outras personalidades. Essas memórias pessoais são documentos históricos importantes. Destacamos aqui o livro

*Conversas com historiadores brasileiros*, obra contendo entrevistas de alguns dos mais renomados historiadores nacionais.

## SITES

MUSEU DO LOUVRE. Disponível em: <http://www.louvre.fr/llv/commun/home.jsp>. Acesso em: 16 maio 2011.

MUSEU IMPERIAL DE PETRÓPOLIS. Disponível em: <http://www.museuimperial.gov.br/portal/>. Acesso em: 16 maio 2011.

As visitas a museus são, obviamente, referências importantes. Alguns deles já possuem parte dos seus acervos em mídia *on-line*. Entre eles, sugerimos o Museu do Louvre (internacional) e o Museu Imperial de Petrópolis (brasileiro).

## FILMES

EDUKATORS. Direção: Hans Weintgartner. Produção: Y3 Film et al. Alemanha: Celluloid Dreams; IFC Films; Lumière, 2004. 126 min.

Muitos são os filmes com temáticas históricas e que podem ser utilizados em sala de aula. Alguns já foram recomendados em outros capítulos. Sugerimos aqui *Edukators*, dirigido por Hans Weintgartner, que narra a história de três jovens revolucionários que tentam, de forma pacífica, transformar a realidade. O filme, sem dúvida, suscita discussões importantes sobre juventude, ideologia e mudança social, podendo ser utilizado nas aulas de História para a reflexão sobre processos revolucionários.

MATRIX. Direção: Andy Wachowski; Larry Wachowski. Produção: Village Roadshow Productions. EUA: Warner Bros,1999. 136 min.

O filme *Matrix*, dirigido pelos irmãos Wachowski, é indispensável para uma reflexão sobre os limites entre o mundo virtual e o real.

## PINTURAS

### Obras de Pedro Américo

A utilização da iconografia em sala de aula tem como referência cultural básica o conhecimento, por parte dos alunos, de algumas obras de arte com temáticas históricas. Sugerimos as pinturas de Pedro Américo, que, no século XIX, retratou diversos momentos da nossa história nacional em uma perspectiva claramente nacionalista e estatal.

Uma amostra de suas obras está disponível no site: <http://www.passeiweb.com/saiba_mais/arte_cultura/galeria/pedro_americo/1>. Acesso em: 16 maio 2011.

## ATIVIDADES DE AUTOAVALIAÇÃO

1) A respeito das abordagens mais recentes sobre o livro didático, assinale a alternativa INCORRETA:
   a) Há atualmente a consideração do caráter de produto cultural do livro didático e de todos os aspectos envolvidos na sua produção, circulação e consumo.
   b) Os aspectos ideológicos do livro didático perdem cada vez mais espaço, nas análises mais recentes, em prol de uma visão que privilegia seus conteúdos formais.
   c) Os livros não são tomados como produtos neutros, mas refletem uma determinada visão de mundo e do processo educacional.
   d) Os aspectos ligados à leitura ganharam espaço em meio aos debates sobre a história cultural. A leitura passa a ser vista como um processo de produção de significados.

2) Recentemente, tem crescido o trabalho com imagens tanto em salas de aula quanto em atividades de pesquisa. Isso se deve, entre outros fatores:
   a) à renovação da historiografia política, com a retomada dos paradigmas historiográficos do século XIX.
   b) ao reconhecimento das imagens como fontes históricas pela historiografia pós-moderna, a partir da década de 1930.

c) à incorporação das imagens como fontes legítimas, contribuindo, sob vários aspectos, para ampliar as problematizações feitas pelo historiador no trabalho com fontes escritas.

d) ao crescente isolamento da disciplina histórica, cada vez mais obrigada a reformular suas teorias e ampliar suas noções de documento histórico.

3) Sobre os desenvolvimentos recentes da história oral, algumas observações críticas têm chamado a atenção para:
a) o fato de que, nas fontes orais, o entrevistador é agente direto de sua produção e possui capacidade de direcionar as questões e os problemas levantados.
b) a relação entre fontes escritas e fontes orais, ambas resultantes da expansão das abordagens estruturalistas no campo da historiografia.
c) o caráter objetivo das fontes orais, por serem resultantes de uma ação direta entre entrevistador e entrevistado.
d) a crescente utilização das fontes orais em sala de aula como complementos das fontes escritas.

4) A noção de *lugares de memória* está relacionada:
a) ao crescente estímulo à incorporação de acervos memorialísticos orais, como forma de superar as incertezas dos arquivos escritos.
b) à noção de que a memória é produção histórica, sendo gerada por indivíduos e grupos com interesses definidos.
c) ao crescente descrédito da historiografia dos *Annales* e ao retorno de uma concepção positivista da fonte documental.
d) à valorização, por parte dos poderes públicos, de certos locais históricos, tomados como representativos de lutas do passado.

5) Sobre a utilização de variados recursos audiovisuais nas aulas de História, é correto afirmar que:
a) tal uso tem referendado uma concepção unitária dessas fontes, vistas como mais adequadas aos anos iniciais, pelo seu caráter pouco problematizador.

b) tal uso situa-se dentro de uma noção de fonte histórica que se aproxima das concepções modernistas de objetividade e racionalidade do conhecimento.

c) tal uso é tributário da historiografia do século XIX e sua preocupação de renovação e ampliação da noção de documento histórico.

d) tal uso insere-se numa perspectiva de renovação dos estudos históricos, com o questionamento da relação entre documento e verdade histórica.

## Atividades de aprendizagem
### Questões para reflexão

1) As visitas aos museus possuem indiscutível importância no ensino de História. Por outro lado, sua prática requer cuidados metodológicos por parte dos professores. Discuta esses cuidados.

2) Cresce cada vez mais o uso do cinema nas salas de aula, o que tem provocado acirrados debates entre os especialistas em ensino. Analise os pontos positivos e negativos da exibição de filmes nas aulas de História.

### Atividade aplicada: prática

1) Escolha, livremente, fontes escritas e orais a respeito da História do Brasil. Depois, leia e analise o material escolhido. Em sua análise, procure compreender como essas fontes podem ser trabalhadas em sala de aula e os cuidados metodológicos que exigem.

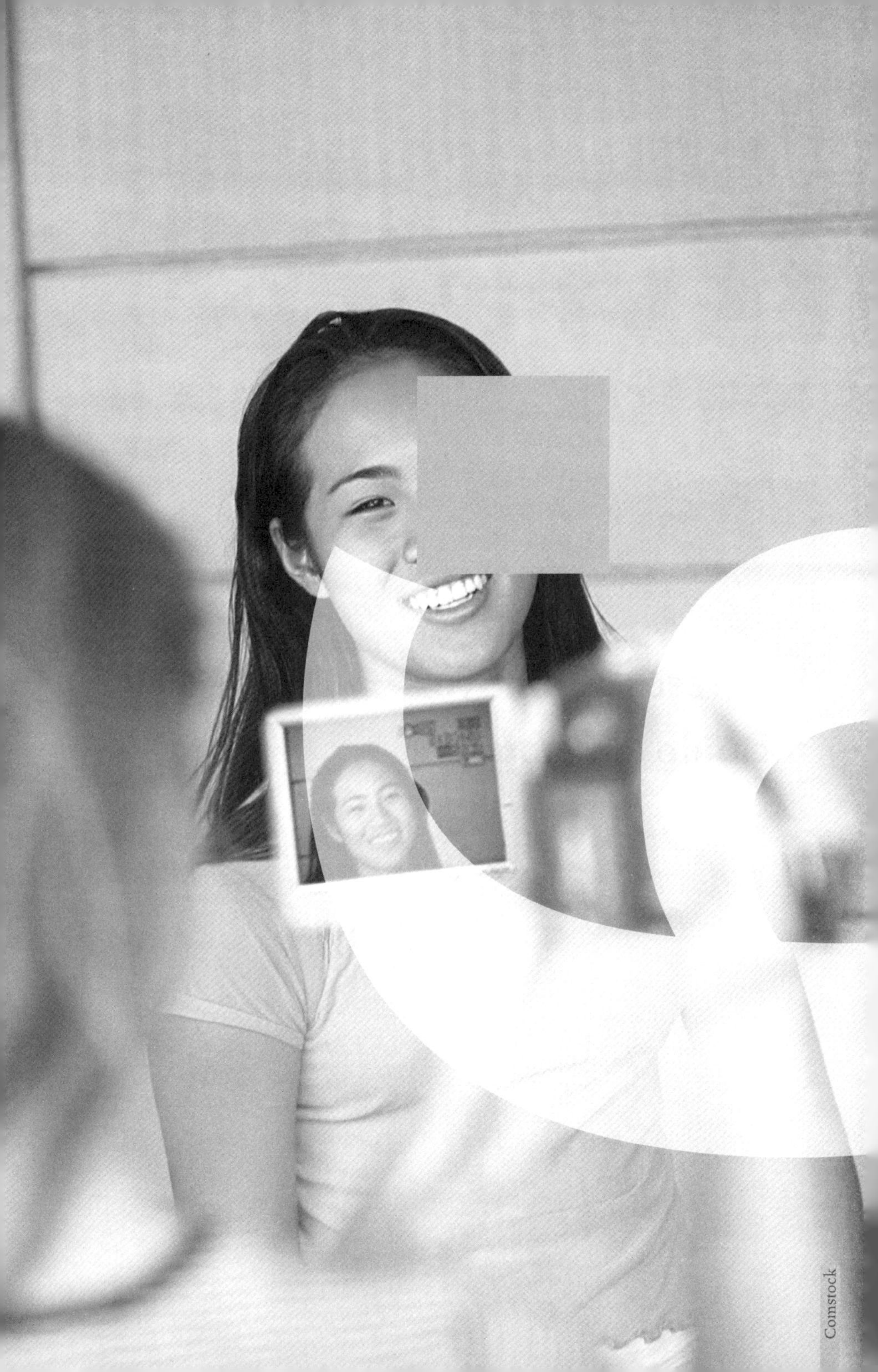
Comstock

# Processos avaliativos em História: tocando em tabus

Este capítulo se ocupará de um tema sempre polêmico entre pesquisadores, professores e alunos de História: como avaliar os conteúdos e a aprendizagem dos estudantes? Tradicionalmente, a ideia de avaliar vem acompanhada da realização de provas e da atribuição de notas pelos professores. Delimita-se um determinado número de conteúdos que serão cobrados na prova e elaboram-se algumas questões a partir daqueles. Nessa perspectiva, a avaliação se restringe a mensurar a quantidade de informações retidas pelos alunos, assumindo uma dimensão claramente seletiva e estimuladora da competição. Tentaremos aqui pensar em possibilidades alternativas.

## 6.1 A perspectiva quantitativa: a "pedagogia do exame"

A tarefa de pensar historicamente é sempre um dever para o professor-historiador. O mesmo se deve verificar quando temos em vista as reflexões sobre a origem dos testes ou provas na disciplina de História. Historicizar os procedimentos avaliativos da nossa disciplina é também "estudar a formação do campo pedagógico no Brasil por meio de suas inovações" (Freitas, 2006, p. 2). Significa compreender como se firmou entre nós a noção da necessidade de avaliar os resultados do processo de aprendizagem por meio da realização de determinados métodos de mensuração objetiva do conhecimento. Em última análise, permite-nos vislumbrar a possibilidade de transformação das atuais práticas avaliativas.

Os testes escolares nasceram por volta da década de 1920, estreitamente relacionados aos testes psicotécnicos que já eram praticados, inclusive pelo exército.

Esses instrumentos que "medem a capacidade de aprender" eram importantes, segundo Paulo Maranhão, em sua Escola Experimental, pois "experimentavam a atenção, vontade, percepção, associação de ideias, memória e inteligência ou faculdade de pensar" (citado por Freitas, 2006, p. 4). Em 1930, a visita de dez professores brasileiros aos Estados Unidos rendeu inovações nos processos de avaliação do Instituto de Educação, devido à ótima impressão que causou a educação norte-americana entre a comitiva brasileira. Nela estava a professora Noemy Silveira, que ficou maravilhada com o que qualificou como princípio básico da formação educacional naquele país: "adaptar o indivíduo à vida que ele tem que viver, com o característico da nossa época – a mudança" (citado por Freitas, 2006, p. 5). Uma educação pragmática, portanto, livre dos dogmas religiosos e ideológicos, e preocupada com a autonomia individual diante de um mundo em constantes modificações. Os testes deveriam funcionar como mecanismos eficazes de julgamento e avaliação do ensino e, consequentemente, também dos professores. Tinha origem, dessa forma, uma concepção de avaliação que se baseava na pretensa obtenção de resultados concretos e objetivos do processo de ensino-aprendizagem.

O peso dado à avaliação em nossas práticas educativas tem tornado nosso sistema de ensino quase uma "pedagogia do exame", com uma busca desesperada por resultados práticos que atestem o bom ou o mau desempenho dos estudantes. Isso se torna ainda mais visível no terceiro ano do ensino médio. Essa série praticamente se volta de forma exclusiva para as provas de vestibulares, transformando todo o processo de ensino-aprendizagem em uma máquina de resolver questões e exercícios que poderão ser cobrados nas provas de acesso à universidade. Os cursinhos preparatórios levam essa exigência às últimas consequências, sendo ainda mais exacerbados no processo de treinamento de resolução de provas. A polarização da prática pedagógica pelas provas e exames tornou-se uma realidade incontestável.

A grande valorização do componente avaliativo no conjunto do processo educativo só se tornou possível porque conseguiu produzir um consenso que envolveu pais, alunos e professores. Esse preocupante cenário é assim muito bem sintetizado por Cipriano Luckesi (2006b, p. 18):

> Pais, sistema de ensino, profissionais da educação, professores e alunos, todos têm suas atenções centradas na promoção, ou não, do estudante de uma série de

*escolaridade para outra. O sistema de ensino está interessado nos percentuais de aprovação/reprovação do total dos educandos; os pais estão desejosos de que seus filhos avancem nas séries de escolaridade; os professores se utilizam permanentemente dos procedimentos de avaliação como elementos motivadores dos estudantes, por meio da ameaça; os estudantes estão sempre na expectativa de virem a ser aprovados ou reprovados e, para isso, servem-se dos mais variados expedientes. O nosso exercício pedagógico escolar é atravessado mais por uma pedagogia do exame que por uma pedagogia do ensino/aprendizagem.*

Por outro lado, a ideia de sofrer uma avaliação ainda causa TEMOR nos estudantes. Ser avaliado é sempre um processo doloroso. O incômodo pode ser amenizado se a prova ou o teste em questão for objetivo. Afinal, "marcar X" sempre traz consigo a possibilidade do "chute", do acerto despretensioso e incalculado. Há ainda a vantagem adicional de a questão objetiva não exigir a construção de uma argumentação que dê sustentação teórica à resposta. As próprias alternativas podem oferecer lembretes inesperados para se resolver a questão proposta.

A prova objetiva também goza de certas simpatias por parte do professor-avaliador. Afinal, trata-se de uma avaliação fácil de aplicar e de corrigir, não exigindo maiores esforços de leitura e compreensão. Pouco trabalho é também gasto na sua elaboração e o professor se vê livre da sempre difícil obrigação de corrigir as deficiências do seu aluno. O processo de avaliação, que deveria ser o momento privilegiado de diagnóstico dos problemas envolvidos na aprendizagem, torna-se fugidio, superficial e pouco reflexivo.

A preocupação excessiva com testes, provas e promoções tem gerado algumas perigosas consequências para o processo de ensino-aprendizagem em História. Em termos pedagógicos, a lógica do exame desvirtua o que deveria ser o sentido da avaliação ao centrar-se exclusivamente nas provas e nos testes. A avaliação, filtro necessário no encaminhamento de soluções para a melhoria da aprendizagem, torna-se um mero produtor de dados quantitativos com pouca ou nenhuma relação com as reais dificuldades do estudante.

Há ainda um efeito de cunho psicológico que necessita ser considerado. O "fetiche da avaliação" pode funcionar como um inibidor da capacidade crítica e da liberdade de expressão do aluno, uma vez que o espaço em que seu conhecimento pode ser demonstrado está rigidamente definido por um certo número de questões que, por sua vez, demandam certos tipos de respostas.

Há o desenvolvimento de um autocontrole por parte do aluno, sem que ele perceba que a fonte da coerção continua sendo externa. A internalização dos padrões oriundos das formas tradicionais de avaliação escolar tem contribuído muito mais para o fechamento de canais de diálogo e expressão em sala de aula do que para a abertura de novas possibilidades de crescimento do discente.

No plano sociológico, a avaliação fetichizada reforça a seletividade social. Em uma sociedade já desigualmente estruturada em classes sociais, a avaliação pode servir como um potencial agravante contra as tentativas de redução das diferenças socioeconômicas entre os indivíduos, contribuindo para a exclusão social. A avaliação assume aqui um caráter nitidamente antidemocrático, contribuindo em muito pouco para a ampliação da educação escolar.

A avaliação em História estará evidentemente relacionada à metodologia utilizada para o ensino da disciplina. Um ensino tradicional, baseado na memorização e na descrição dos eventos do passado, exigirá processos avaliativos com as mesmas características. O processo como um todo manterá o aluno afastado de todos os procedimentos de aquisição da informação histórica. Enquanto os historiadores formulam o conhecimento histórico utilizando-se das fontes históricas, dos aportes teóricos e metodológicos pertinentes à disciplina histórica, estabelecendo explicações que podem, na maior parte dos casos, gerar compreensões e olhares muito diversos sobre a realidade, em contrapartida as informações que constam nos meios didáticos "são recebidas, na maior parte dos casos, desprovidas destes elos recorrentes do 'fazer histórico' e, nesse sentido, resta aos alunos somente a assimilação e/ou a memorização da informação" (Miranda, 2002, p. 131). A erudição histórica continua a ser vista como o objetivo primordial a ser alcançado e, afastado dos processos de construção do saber histórico, o aluno torna-se incapaz de perceber que todos os enunciados historiográficos são carregados de relações de poder e devem, portanto, ser objetos de compreensão e desvendamento. O resultado de uma maior interação entre os temas históricos tratados e as modalidades de produção do seu conhecimento reside

> *na particular atenção com a natureza das fontes enquanto objetos de uma produção histórica e, portanto, enquanto enunciados de sujeitos que ocupam diferentes lugares sociais e cuja produção nos remete à compreensão de relações sociais em temporalidades distintas, segundo aquilo que Jacques Le Goff destacou como*

"*documento monumento*". *Além disso, tais enunciados também se apresentam para nós enquanto circunstâncias de expressão de diferentes linguagens da realidade e que, por sua vez, pressupõem diferentes processos de educação que permitem a construção de inteligibilidade sobre estas mesmas realidades. Para se compreender, por exemplo, o que tem sido o processo histórico de educação visual, é preciso, no trabalho escolar, desconstruir e decodificar as linguagens visuais, desvendando os processos inerentes às linguagens da TV, cinema, fotografia e pintura.* (Miranda, 2002, p. 132)

Uma educação que estimule a sensibilidade histórica entre os alunos deverá contemplar a percepção das diversidades no tempo – revelando o quanto a disciplina histórica envolve de pesquisa e, portanto, de escolha, de investigação, de comparação – e, especialmente, a construção de um olhar crítico sobre a contemporaneidade, "em consonância com aquilo que a consciência histórica nos dá" (Miranda, 2002, p. 132).

## 6.2 Uma avaliação que diagnostica

Diante das considerações acima, talvez estejamos, nesta altura, em condições de oferecer alguns subsídios para uma reflexão acerca dos processos avaliativos em História na vida escolar. Mantemos aqui a postura adotada ao longo de toda a nossa obra: não pretendemos oferecer respostas definitivas para uma questão que está muito distante de qualquer consenso. Esperamos, contudo, que as indicações feitas aqui estimulem os futuros docentes e aqueles que já o são a ensaiarem novas formas de encarar o processo de avaliação. O repensar nem sempre pode significar mudanças de atitude ou transformações das práticas. Mas, mesmo que permaneçamos adotando os mesmos procedimentos, que o façamos ancorados por uma reflexão sistemática sobre suas características e implicações.

Alguns novos horizontes estão sendo descortinados entre aqueles preocupados com propostas inovadoras de avaliar. De acordo com Regina Haydt (1997, p. 14), "atualmente, a avaliação assume novas funções, pois é um meio de diagnosticar e de verificar em que medida os objetivos propostos para o processo ensino-aprendizagem estão sendo atingidos". A avaliação tem, portanto, nessa perspectiva, o claro pressuposto de servir de diagnóstico e orientação para os estudantes a respeito das dificuldades na construção do conhecimento.

Avaliação se relaciona com ação e deve ser pensada como formas cotidianas de que lançamos mão para realizarmos o melhor. Estamos constantemente nos autoavaliando, percebendo nossos limites, rediscutindo com nós mesmos nossas formas de agir, de nos comportar. Assim, a avaliação deve servir como parâmetro para uma ação que, por sua vez, deve se orientar para obter o melhor resultado possível. Na escola, a avaliação do processo de aprendizagem será tanto mais bem sucedida quanto mais estiver guiada pelo objetivo central de oferecer uma nova ação, destinada a alcançar determinados resultados que auxiliem o educando a progredir em sua vida escolar-acadêmica.

Há aqui uma dimensão profundamente ética que deve nortear as relações entre docente e estudante durante o processo avaliativo. Recorremos aqui à belíssima passagem de Luckesi (2006b, p. 2):

> O educador necessita de ser solidário com o educando no seu caminho de desenvolvimento; necessita de estar com ele, dando-lhe suporte para que prossiga em sua busca e em seu crescimento, na direção da autonomia, da independência, da vida adulta. O educador está junto e ao lado do educando em sua tarefa de construir-se dia a dia. A avaliação subsidia o diagnóstico do caminho e oferece ao educador recursos para reorientá-lo. Em função disso, há necessidade da solidariedade do educador como avaliador, que oferece continência ao educando para que possa fazer o seu caminho de aprender e, por isso mesmo, desenvolver-se.

Os critérios meramente classificatórios dos atuais processos de avaliação pouco têm colaborado para uma efetiva democratização do ensino e para o desenvolvimento das potencialidades dos alunos. Luckesi nos aponta um caminho alternativo bastante promissor: entender a avaliação a partir da perspectiva do DIAGNÓSTICO, ou seja: ela "deverá ser assumida como um instrumento de compreensão do estágio de aprendizagem em que se encontra o aluno, tendo em vista TOMAR DECISÕES suficientes e satisfatórias para que se possa avançar no seu processo de aprendizagem" (Luckesi, 2006b, p. 81).

O diagnóstico, contudo, não deve esgotar-se em si mesmo. A avaliação, nesse caso, deverá propor medidas e ações efetivas que proporcionem aos alunos em situação de defasagem os meios concretos de aquisição dos conhecimentos históricos necessários ao seu avanço. "Desse modo, a avaliação não seria tão somente um instrumento para a aprovação ou reprovação dos alunos, mas sim um instrumento de diagnóstico de sua situação, tendo em vista a definição de encaminhamentos adequados para a sua aprendizagem" (Luckesi, 2006b, p. 81). O professor deverá saber diagnosticar as habilidades necessárias ao desenvolvimento dos seus alunos e trabalhar para que elas sejam adquiridas. Numa avaliação de História, o que seria mais importante? A retenção dos eventos e seus personagens mais importantes ou a percepção da sua historicidade e das diferentes possibilidades de abordá-los? Deve-se estabelecer, portanto, uma definição de quais habilidades são essenciais para a vida dos educandos e quais são secundárias. Às primeiras deverão ser dedicados todos os esforços conjuntos de professores, pedagogos e pais. A avaliação deve ser pensada, nessa ótica, como um momento privilegiado de reflexão, capaz de envolver o sistema de ensino, o professor e o aluno:

> A avaliação realizada com os alunos possibilita ao sistema de ensino verificar como está atingindo os seus objetivos. Portanto, nesta avaliação, ele tem uma possibilidade de autocompreensão. O professor, na medida em que está atento ao andamento dos seus alunos, poderá, através da avaliação da aprendizagem, verificar o quanto o seu trabalho está sendo eficiente e que desvios está tendo. O aluno, por sua vez, poderá estar permanentemente descobrindo em que nível de aprendizagem se encontra, dentro de sua atividade escolar, adquirindo consciência do seu limite e das necessidades de avanço. Além disso, os resultados manifestados por meio dos instrumentos de avaliação poderão auxiliar o aluno num processo de automotivação, na medida em que lhes fornece consciência dos níveis obtidos de aprendizagem. (Luckesi, 2006b, p. 83)

A adoção desses princípios supõe uma avaliação claramente elaborada, sem armadilhas que possam "pegar" o aluno e dificultar sua compreensão e, consequentemente, o desenvolvimento do que é pedido na avaliação. Ele deve estar claramente consciente a respeito do que está sendo avaliado e das finalidades desse processo. Isso exige ainda um outro elemento que consideramos essencial:

o sentido PARTICIPATIVO do processo de avaliação, o que não deve ser confundido com a espontaneidade e o pouco rigor de certas práticas de autoavaliação, tão em voga atualmente. Devemos entender a participação como a postura de diálogo incessante entre alunos e professores a partir dos instrumentos adequados de avaliação, procurando sempre debater o estado de aprendizagem alcançado. O objetivo é construir conjuntamente um entendimento da situação de aprendizagem que, por sua vez, está articulado ao processo de ensino. Dessa forma, não se trata de uma discussão abstrata ou vazia, mas baseada em resultados efetivos, manifestados nos instrumentos elaborados e utilizados.

A aplicação dos fundamentos da avaliação calcada na ideia do diagnóstico não se apresenta livre de dificuldades quando nos deparamos com a tarefa de aferirmos os níveis de aprendizagem dos alunos na disciplina de História. Os problemas parecem começar na percepção precária ou equivocada que os estudantes possuem da necessidade do conhecimento histórico. Há uma clara sensação da pouca utilidade da disciplina de História para a vida concreta, de sua pouca ou nenhuma valia para o enfrentamento dos problemas cotidianos. Resumindo: o estudo da História aparece dissociado da realidade, o entendimento do passado é tido como um saber inútil, vinculado a fatos distantes no tempo e que não farão mais diferença para o presente. Certamente, essa visão remete ao próprio processo de estruturação do conhecimento científico-acadêmico, a partir do século XIX, que se deu em desencontro com a base material da sociedade. O saber universitário se organizou, dessa forma, com base em uma oposição entre trabalho intelectual e manual, surgida do próprio avanço do capitalismo. Partindo dessa perspectiva, podemos então perceber as características de uma produção de conhecimento inteiramente apartada da realidade social, principalmente no terreno das ciências humanas. O trabalho do humanista se resume, dessa forma, em investigar a realidade a partir de modelos estabelecidos, em organizar os fatos acontecidos e em apresentá-los em uma ordem cronológica e isenta de qualquer envolvimento com seu objeto.

Essa maneira de conceber a atividade do historiador circunscreve o espaço da construção do conhecimento histórico ao ambiente restrito e fechado das academias. Nesse cenário excludente, professores e alunos do ensino médio e fundamental são vítimas de um saber produzido para o qual não concorreram ou tiveram uma participação extremamente reduzida. A história produzida dentro desses limites estreitos tenderá a formar profissionais que repetirão essas concepções. Essa lógica tenderá a se repetir nos processos avaliativos. Um saber fragmentado, distanciado da vivência concreta e altamente elitista, só poderá exigir dos seus alunos a reprodução desses vícios.

Já assinalamos em páginas anteriores que a superação desse modelo de ensino requer a construção cotidiana da historicidade do aluno, ou seja, da percepção de que ele não é apenas um receptor passivo das informações transmitidas pelo professor – e este igualmente um receptor passivo do saber elaborado na universidade –, mas agente do processo histórico. Talvez esse seja o ponto de partida para pensarmos as possibilidades de uma avaliação que não se baseie unicamente nos requisitos de memorização e assimilação, mas que procure construir caminhos de superação das dificuldades apresentadas e acene com perspectivas de melhorias nos resultados da aprendizagem.

Um trabalho pedagógico que situe a avaliação na disciplina de História como ocasião especial para que alunos e professores discutam os rumos de uma educação verdadeiramente histórica deve possuir dois elementos ou eixos centrais. Em primeiro lugar, "deve construir a sensibilidade e a capacidade de apreensão por parte do aluno daquilo que diz respeito ao fazer histórico" (Miranda, 2002, p. 132). O ensino deve estar ancorado nas relações epistemológicas que se estabelecem com a História enquanto saber e ciência. Aqui é de suma importância a aquisição de habilidades que levem o aluno a sustentar opiniões com argumentos; a compreender a existência de interpretações distintas e, portanto, entender que a ideia de uma "resposta certa" é extremamente problemática; a conceber que certas questões só podem ser plenamente respondidas mediante investigação histórica. Essas habilidades constituem aquilo que pode existir de mais importante para o desenvolvimento cognitivo, social e emocional da criança e do adolescente.

Como já mencionado anteriormente, uma série de razões estimula a adoção dos testes de múltipla escolha nos processos avaliativos na educação brasileira, tanto nas escolas privadas quanto nas escolas públicas. Há uma preferência declarada da maioria dos alunos e dos professores por esse tipo de avaliação. Para os princípios de uma educação verdadeiramente histórica, esse modo de avaliar o desempenho escolar apresenta-se bastante inadequado e contraditório. Ele sinaliza claramente a existência de uma única opção correta, fazendo do processo histórico um jogo de respostas certas ou erradas. Obviamente podemos fazer perguntas históricas que admitam uma única resposta. Se indagarmos qual presidente instituiu a Petrobras, por exemplo, teremos a resposta certeira: Getúlio Vargas. Porém, a resposta se esgota no seu imediatismo. Não se problematiza o processo que levou à criação dessa empresa, seus condicionantes, conflitos e tensões. Ainda que a questão possa ser elaborada abordando esses elementos, recaímos no problema anterior: a resposta que contém a descrição desse processo será a única possível, a única admitida, a verdade inconteste.

Avaliação em História não pode prescindir de argumentação, de problematização, do confronto entre opiniões, versões e perspectivas. Em suma, o aluno deve ser levado a escrever, a expor seus pensamentos, suas interpretações e visões de mundo. Certamente, o professor descobrirá, nesses escritos, elementos da realidade social do aluno, dimensões do seu cotidiano, de sua família, da sua localidade. Verá também passagens cobertas de anacronismos, mas a avaliação é justamente o momento de diagnosticar e enfrentar esses equívocos. As questões, portanto, não podem partir do pressuposto de que existe uma única forma de respondê-las ou de que apenas uma corrente interpretativa deva ser considerada. Não se alcança isso em testes objetivos. Defendemos a ideia de prova avaliativa, mas que sirva como um instrumento preciso de diagnóstico das deficiências na aprendizagem. Elas devem ser discursivas, estimuladoras do PENSAMENTO CRÍTICO e da ARGUMENTAÇÃO PROVOCATIVA. Obviamente que esses objetivos podem também ser perseguidos mediante outros meios de avaliação, como trabalhos em aula com fontes históricas, montagem de peças teatrais, de vídeos, excursões, visitas etc. O processo de ensino-aprendizagem em História, balizado por avaliações que estimulem a construção do discurso, deverá dotar os alunos da capacidade de perceber a historicidade dos acontecimentos mais cotidianos (Segal, 1984, p. 103) e de estabelecer relações entre os diversos domínios da vida social: econômico, político, cultural etc.

## Síntese

Este capítulo tratou da avaliação do processo de ensino-aprendizagem em História, tema que tradicionalmente é alvo de intensas discussões entre professores, alunos, pais e pedagogos. Procuramos, em um primeiro momento, definir o que entendemos ser o modelo tradicional de avaliação, ou seja, o modelo fundamentado em resultados quantitativos que pretendem traduzir objetivamente o nível de aprendizado dos estudantes. Contra essa "pedagogia do exame", lançamos algumas ideias que pretendem ser as bases para uma avaliação que produza um diagnóstico das dificuldades e estabeleça linhas de ação para saná-las. Para tanto, acreditamos que as provas – que não devem ser as únicas formas de avaliação – precisam estimular a reflexão historiográfica dos estudantes, abrindo espaços para que eles explicitem seus valores, visões de mundo e pontos de vista.

## Indicações culturais

### Filme

SOCIEDADE dos Poetas Mortos. Direção: Peter Weir. Produção: Touchstone Pictures. EUA: Buena Vista Pictures, 1989. 129 mim.

O já clássico *Sociedade dos Poetas Mortos*, filme dirigido por Peter Weir, narra as mudanças provocadas em uma escola tradicional por um professor com métodos de ensino inovadores e que procurava estimular a reflexão autônoma dos estudantes. O filme é ainda importante para observarmos os efeitos do ensino burocratizado sobre a personalidade dos alunos.

### Livro

KAFKA, F. O processo. São Paulo: L&PM, 2006.

O *Processo* é o sombrio livro do escritor tcheco Franz Kafka, que conta o tormento de Joseph K., vítima de uma acusação que lhe é desconhecida e envolvido por estruturas burocráticas contra as quais parece ser incapaz de se defender.

## Atividades de autoavaliação

1) O sistema de educação formal no Brasil tem ainda se caracterizado, no aspecto da avaliação, por:
   a) uma pedagogia cíclica, com avaliações esporádicas, com base na ideia de etapas de aprendizagem.
   b) uma pedagogia essencialmente preocupada com a obtenção de resultados concretos, partindo de estratégias definidas de aprendizagem.
   c) uma pedagogia de caráter alternativo, com propostas de autoavaliação ou de avaliação coletiva.
   d) uma pedagogia de testes e resultados, desvinculados da tradição dos vestibulares.

2) Entre as diversas críticas realizadas aos modelos de avaliação vigentes, está INCORRETO afirmar que:
   a) eles são marcadamente propositores de diagnósticos acerca das deficiências dos discentes.
   b) eles reafirmam mecanismo de exclusão social, ao operarem simplesmente com dados e metas a serem atingidas.
   c) eles são essencialmente quantitativos e baseiam-se numa tradição que valoriza a aprovação como marca do sucesso escolar.
   d) eles estão situados em uma tradição pedagógica de obtenção de resultados imediatos, frutos da própria dinâmica da vida no capitalismo.

3) Nas aulas de História, um dos desafios é a adequação da avaliação aos processos de construção do conhecimento histórico em sala de aula. Nesse sentido, é correto afirmar que:
   a) a ênfase nas avaliações de caráter quantitativo e meramente medidor da aquisição de informações é decorrência de aulas marcadas pela preocupação com a assimilação de eventos e datas.
   b) as aulas marcadas pela introdução de noções de pesquisa histórica têm se caracterizado pela introdução de critérios avaliativos de medição objetiva de assimilação dos conteúdos, numa clara concepção pós--moderna de ensino-aprendizagem-avaliação.

c) a conquista de erudição histórica tem acompanhado processos avaliativos que utilizam fontes orais e audiovisuais.

d) a historiografia positivista proporcionou possibilidades alternativas de avaliação ao chamar a atenção para a relatividade de todo fato histórico.

4) A respeito da AVALIAÇÃO DIAGNÓSTICA, proposta por alguns círculos acadêmicos, é correto afirmar que:
a) ela está situada dentro dos marcos das avaliações objetivas e portadoras de resultados quantitativos e, no caso do ensino de História, deve ser pensada para períodos mais remotos, devido ao maior número de fontes disponíveis.
b) ela deve basear-se em uma concepção de ensino que valorize a aquisição da erudição, mantendo a sua função de apresentar resultados concretos.
c) ela se insere em uma visão modernista do processo de ensino--aprendizagem, que desconfia da capacidade da razão em apreender os fenômenos da realidade.
d) ela deve produzir não apenas uma forma de mensuração dos resultados, como também apontar estratégias e caminhos de superação das dificuldades de aprendizagem.

5) A aplicação da AVALIAÇÃO DIAGNÓSTICA no ensino de História deve ser pensada a partir de algumas questões, entre elas:
a) uma visão do conhecimento histórico como resultante da literalidade das fontes e o privilégio para o uso de documentos escritos.
b) uma visão pós-moderna da História, baseada na crença no conhecimento histórico-científico e na descrição dos eventos do passado.
c) uma visão da aprendizagem como processo de construção do conhecimento histórico e a valorização das relações entre História e vida cotidiana.
d) uma visão da História como conhecimento produzido no âmbito das pesquisas acadêmicas e a valorização das avaliações que busquem resultados quantitativos concretos.

# Atividades de aprendizagem
## Questões para reflexão

1) Discuta as limitações da "pedagogia do exame" para avaliarmos o processo de ensino-aprendizagem.

2) Como podemos inserir o professor nesse modelo tradicional de avaliação do aprendizado? Que papel ele representa?

## Atividade aplicada: prática

1) Faça uma análise comparativa acerca das atividades avaliativas de dois livros didáticos que tenham sido escritos em épocas distintas. Procure perceber de que forma as discussões travadas ao longo do capítulo se fazem presentes nas avaliações propostas nessas duas obras.

# Considerações finais

Vivemos uma época de incertezas, desafios e complexidades. A aceleração das transformações tecnológicas e o avanço dos sistemas de informação colocam dúvidas a cada instante sobre o nosso lugar no mundo e a nossa identidade sociocultural. Vivemos uma época de pluralidades religiosas, étnicas e sexuais. Diante de todo esse cenário instigante, porém instável, devemos nos perguntar incessantemente: o que significa ensinar História nos dias de hoje?

Nossa disciplina apresenta uma dubiedade perturbadora. Pelo nome de *história* designamos tanto a experiência vivida, passada, quanto o seu relato, produzido por especialistas. Podemos, então, viver a história e narrá-la; somos agentes tanto do processo histórico quanto produtores da sua escrita. Personagens dúbios, imersos em incertezas, crises, mas também em potencialidades e perspectivas de futuro. Somos docentes de uma disciplina que configura um local privilegiado para a construção da cidadania. Escutemos mais uma vez o notável historiador Le Goff (1985, p. 121), para quem "a memória, onde cresce a história, que, por sua vez a alimenta, procura salvar o passado para servir o presente e o futuro. Devemos trabalhar de forma a que a memória coletiva sirva para a libertação e não para a servidão dos homens".

Acreditamos que o saber histórico ensinado em sala de aula deve ser constantemente repensado com base nas múltiplas conexões que podem e devem ser estabelecidas entre docentes, alunos, pais e comunidade escolar, e tendo como referências as concepções de História, ensino e escola. As recentes inovações metodológicas e teóricas do nosso campo demonstraram que as possibilidades de investigação histórica são infinitas. Tudo é histórico, podemos afirmar sem maiores receios. Livros, imagens, computadores, música, quadrinhos, todos estes podem ser instrumentos do processo de ensino-aprendizagem. Para uma multiplicidade de objetos que podem ser estudados pelo historiador, existe uma multiplicidade de fontes e recursos em sala de aula. Não podemos perder de vista, entretanto, que a impossibilidade de ensinar tudo nos induz necessariamente a produzir recortes, selecionar, circunscrever. A figura do professor é central nesse processo:

> É o professor quem planeja os cursos, quem escolhe os materiais básicos de trabalho e as atividades a serem desenvolvidas, quem orienta o conjunto dessas atividades e avalia o aproveitamento de seus alunos. Se esse professor tem uma prática democrática de pensamento e trabalho, ele divide tarefas com colegas que lecionam outras disciplinas, além de dialogar sobre elas com alunos, pais e outros setores da sociedade (movimentos sociais, associações, etc.). Mas a obrigação de cumprir tais tarefas de coordenação é prioritariamente dele, para isso ele se formou e continua a se formar como profissional, para isso ele é contratado e pago – na maior parte das vezes, mal pago, mas a culpa não é dos alunos, e a saída desse quadro de desvalorização profissional se reforçará com o destaque para a atuação imprescindível do docente no processo educativo. (Fonseca; Silva, 2007, p. 126)

Reafirmemos, portanto, nossa posição e nosso fazer em meio a algumas propostas de ensino que parecem querer fazer desaparecer ou reduzir o papel do professor. O uso excessivo dos computadores parece supor a aceitação de que as máquinas são mais produtivas do que os docentes, pois mais capazes de armazenar informações, de responder rapidamente e de comunicar-se, de forma instantânea, com milhões de pessoas.

Os instrumentos tecnológicos exigem humanos que selecionem informações, operem seus sistemas e interpretem seus dados. A experiência docente proporciona a possibilidade de um efetivo diálogo, ao contrário das respostas impessoais e uniformizadas dos computadores, indiferentes àqueles que fazem as perguntas. Esse diálogo é uma oportunidade de abertura para os saberes, "e uma visão destes saberes como fazeres humanos, não um autoengendramento das técnicas" (Fonseca; Silva, 2007, p. 127).

A defesa da importância do trabalho docente não pode ser pensada sem nos lembrarmos da centralidade da escola. Ambientes escolares ainda são importantes espaços para populações inteiras que utilizam suas bibliotecas, quadras e computadores. São ainda os principais locais de sociabilidade de muitos estudantes que permanecem ali, muitas vezes, por um período até maior do que aquele desfrutado com as suas famílias. Também devem ser concebidos como pontos de encontro entre os diversos saberes, como arena de decisões democráticas envolvendo alunos, docentes, pais e comunidade.

Um saber histórico democraticamente construído não pode estar separado da defesa intransigente do papel central do professor que procura manter-se sintonizado com a evolução da pesquisa histórica e das principais tendências historiográficas. Se o discurso dos poderes públicos insistentemente enfatiza a necessidade de capacitação docente por meio de cursos, seminários e atualização bibliográfica, entre outros procedimentos, a contrapartida deve vir em forma de escolas decentemente equipadas, democraticamente dirigidas e sustentadas por concepções do saber que englobem as diversas áreas do conhecimento. Não tenhamos posições excessivamente românticas, contudo. As nossas experiências concretas são pontuadas por dificuldades, desafios e contradições inerentes à condição de ensinar-aprender. Procuremos superar os fantasmas de uma educação histórica hierárquica, baseada na autoridade inconteste do professor e do livro didático, inibidora da reflexão crítica e da percepção da historicidade de todas as práticas. Enfrentemos o desafio de um mundo em constante mutação, do rompimento das nossas antigas e arraigadas certezas, e nos lancemos ao futuro. A era da incerteza é crítica, mas prenhe de caminhos:

> *Faz-se necessário enfrentar a crise estrutural, buscando detectar como ela se desenvolve no interior das instituições e principalmente na escola, uma das instituições básicas de reprodução de padrões sociais em nossos dias. Hoje talvez a crítica a alguns pressupostos teóricos e formas básicas de atuação das escolas seja o ponto*

*de partida para averiguar com eficiência a conexão entre a educação e as esferas política, econômica e ideológica da sociedade e especificamente a escola em relação a cada uma delas.*

*A superação da crítica talvez esteja na possibilidade de a escola transformar-se em instrumento de legitimação de conhecimentos, conceitos e representações de grupos sociais diversos, expressando claramente as contradições e não simplesmente tomando a cultura hegemônica como saudável e natural, o processo educacional como harmônico.* (Horn; Germinari, 2006, p. 21)

Ao longo deste trabalho, não tivemos em momento algum a intenção de escrever um guia de como ensinar História no interior dos aparelhos escolares. Produzir um manual com fórmulas prontas e acabadas seria uma contradição em relação a vários dos pressupostos aqui expostos, que defendem a investigação histórica, o desenvolvimento do espírito crítico e a busca de soluções conjuntas em sala de aula. Também seria persistir na dicotomia escola-universidade, que tende a situar os professores do ensino fundamental e médio como meros receptores e reprodutores dos saberes desenvolvidos pela pesquisa histórica realizada na universidade, este o verdadeiro *locus* de construção de métodos, teorias e conceitos.

Pretendemos exclusivamente propor reflexões que estimulem a constante revisão das práticas que permeiam as relações entre alunos e professores e dos modelos mais tradicionais de ensino de História, baseados nos mecanismos do "discurso competente", ou seja, nos privilégios conferidos ao professor e ao livro didático na escolha dos objetos de estudo. Procuramos deixar claras nossas mais variadas objeções contra essa História que exclui a realidade do aluno, que despreza qualquer experiência histórica por ele vivida e que o impossibilita de perceber a sua própria historicidade: a dimensão histórica da sua realidade individual, da sua família, da sua classe e do seu país. Essa História é autoritária, pois impede o aluno de colocar questões sobre o seu tempo, sobre suas experiências individuais. As atividades dos estudantes reproduzem os conteúdos tradicionais, destituindo-os de qualquer elaboração crítica ou contestação teórico-conceitual.

Por outro lado, não acreditamos que a solução seja a substituição de uma explicação histórica "ultrapassada" por outra, mais "realista" e "correta". Não se trata apenas de propor a utilização de novas linguagens e tecnologias para o ensino da História em oposição ao tradicionalismo dos livros didáticos. Tampouco bastará que o professor frequente cursos de atualização ou de capacitação. Mais importante é que esse docente domine o processo de produção do discurso historiográfico e que consiga realizar em sala de aula o difícil exercício da CRÍTICA HISTÓRICA, útil para o estudante não apenas no espaço escolar, mas para sua vida. Ensinar História no mundo contemporâneo significa, primordialmente, PRODUZIR SENTIDO HISTÓRICO às experiências humanas, em uma época que parece querer perder todo o sentido da sua historicidade.

# Referências

ABREU, M. Cultura popular: um conceito e várias histórias. In: ABREU, M.; SOIHET, R. Ensino de História: conceitos, temáticas e metodologia. Rio de Janeiro: Casa da Palavra, 2003.

ABUD, K. M. A construção de uma didática da História: algumas ideias sobre a utilização de filmes no ensino. História, São Paulo, v. 22, n. 1, p. 183-193, 2003. Disponível em: <http://www.scielo.br/pdf/his/v22n1a08.pdf>. Acesso em: 10 maio 2011.

_____. Currículos de História e políticas públicas: os programas de História do Brasil na escola secundária. In: BITTENCOURT, C. M. F. (Org.). O saber histórico na sala de aula. São Paulo: Contexto, 2005.

ALMEIDA, A. M.; VASCONCELLOS, C. de M. Por que visitar museus. In: BITTENCOURT, C. M. F. (Org.). O saber histórico na sala de aula. São Paulo: Contexto, 2005.

ANDRADE, V. C. Repensando o documento histórico e sua utilização no ensino. In: MONTEIRO, A. M.; GASPARELLO, A. M.; MAGALHÃES, M. de S. (Org.). Ensino de História: sujeitos, saberes e práticas. Rio de Janeiro: Faperj, 2007.

ARISTÓTELES. Poética. In: Os pensadores. São Paulo: Abril Cultural, 1973.

ARTIÈRES, P. Arquivar a própria vida. ESTUDOS HISTÓRICOS, Rio de Janeiro, v. 11, n. 21, p. 9-34, 1998. Disponível em: <http://bibliotecadigital. fgv.br/ojs/index.php/reh/article/view/2061/1200>. Acesso em: 10 maio 2011.

AVANCINI, E. Ensino de História no Brasil: perspectivas e tendências. ÁGORA, Unisc – Universidade de Santa Cruz do Sul, v. 4, n. 1, jan./dez. 1998.

BEZERRA, H. G. Ensino de História: conteúdo e conceitos básicos. In: KARNAL, L. (Org.). HISTÓRIA NA SALA DE AULA: práticas e propostas. São Paulo: Contexto, 2005.

BITTENCOURT, C. M. F. ENSINO DE HISTÓRIA: fundamentos e métodos. São Paulo: Cortez, 2004.

\_\_\_\_. Livros didáticos entre textos e imagens. In: BITTENCOURT, C. M. F. (Org.). O SABER HISTÓRICO NA SALA DE AULA. São Paulo: Contexto, 2005.

\_\_\_\_. (Org.). O SABER HISTÓRICO NA SALA DE AULA. São Paulo: Contexto, 2005.

BLOCH, M. APOLOGIA DA HISTÓRIA: ou o ofício do historiador. Rio de Janeiro: J. Zahar, 2001.

BORGES, P. H. P. YMÃ, ANO MIL E QUINHENTOS: escolarização e historicidade Guarani Mbya na aldeia de Sapukai. 1998. 134 f. Dissertação (Mestrado em Educação) – Universidade Estadual de Campinas, Campinas, 1998.

BRASIL. Lei n. 1.006, de 30 de dezembro de 1938. COLEÇÃO DE LEIS DO BRASIL, 1938. Disponível em: <http://www2.camara.gov.br/legin/ fed/declei/1930-1939/decreto-lei-1006-30-dezembro-1938-350741- publicacaooriginal-1-pe.html>. Acesso em: 27 abr. 2011.

BRASIL. Lei n. 5.692, de 11 de agosto de 1971. DIÁRIO OFICIAL DA UNIÃO, Poder Legislativo, Brasília, DF, 12 ago. 1971. Disponível em: <http://www. planalto.gov.br/ccivil_03/Leis/L5692.htm>. Acesso em: 27 abr. 2011.

BRASIL. Lei n. 9.394, de 20 de dezembro de 1996. Diário Oficial da União, Poder Legislativo, Brasília, DF, 23 dez. 1996. Disponível em: <http://www.planalto.gov.br/ccivil_03/Leis/L9394.htm>. Acesso em: 5 maio 2011.

BRASIL. Lei n. 10.639, de 9 de janeiro de 2003. Diário Oficial da União, Poder Legislativo, Brasília, DF, 10 jan. 2003. Disponível em: <http://www.planalto.gov.br/ccivil_03/Leis/2003/L10.639.htm>. Acesso em: 5 maio 2011.

BRASIL. Ministério da Educação. Parâmetros Curriculares Nacionais. Brasília: MEC,1997. Disponível em: <http://portal.mec.gov.br/seb/arquivos/pdf/livro051.pdf>. Acesso em: 27 abr. 2011.

BRASIL. Ministério da Educação. Parâmetros Curriculares Nacionais. Brasília: MEC, 1999.

BURKE, P. Cultura popular na idade moderna. São Paulo: Companhia das Letras, 1989.

CANCLINI, N. G. Culturas híbridas. São Paulo: Edusp, 1997.

CARINO, J. A biografia e sua instrumentalidade educativa. Educação & Sociedade, Campinas, ano 20, n. 67, p. 53-181, ago. 1999. Disponível em: <http://www.scielo.br/pdf/es/v20n67a05.pdf>. Acesso em: 10 maio 2011.

CERTEAU, M. de. A escrita da história. Rio de Janeiro: Forense Universitária, 1982.

CHARTIER, R. História cultural: entre práticas e representações. Lisboa: Difel, 1990.

_____. A história hoje: dúvidas, desafios e propostas. Estudos Históricos, Rio de Janeiro, v. 7, n. 13, p. 97-113, 1994. Disponível em: <http://bibliotecadigital.fgv.br/ojs/index.php/reh/article/view/1973/1112>. Acesso em: 10 maio 2011.

_____. "Cultura popular": revisitando um conceito historiográfico. Estudos Históricos, Rio de Janeiro, v. 8, n. 16, 1995. Disponível em:

<http://bibliotecadigital.fgv.br/ojs/index.php/reh/article/view/2005/1144>. Acesso em: 10 maio 2011.

COOPER, H. THE TEACHING OF HISTORY IN PRIMARY SCHOOLS. London: David Fulton, 1995.

COSTA, S. G. Gênero e história. In: ABREU, M.; SOIHET, R. ENSINO DE HISTÓRIA: conceitos, temáticas e metodologia. Rio de Janeiro: Casa da Palavra, 2003.

DINIS, N. F. Educação, relações de gênero e diversidade sexual. EDUCAÇÃO & SOCIEDADE, Campinas, v. 29, n. 103, p. 477-492, maio/ago. 2008. Disponível em: <http://www.scielo.br/pdf/es/v29n103/09/pdf>. Acesso em: 10 maio 2011.

FENELON, D. R. A questão dos estudos sociais. CADERNOS CEDES, São Paulo, n. 10, p. 11-23, 1984.

FERNANDES, J. R. O. Ensino de História e diversidade cultural: desafios e possibilidades. CADERNOS CEDES, São Paulo, n. 67, p. 378-388, set./dez. 2005. Disponível em: <http://www.scielo.br/pdf/ccedes/v25n67/a09/v2567.pdf>. Acesso em: 10 maio 2011.

FERRO, M. A MANIPULAÇÃO DA HISTÓRIA NO ENSINO E NOS MEIOS DE COMUNICAÇÃO. São Paulo: Ibrasa, 1983.

_____. CINEMA E HISTÓRIA. Rio de Janeiro: Paz e Terra, 1992.

FLORES, E. C. Etnicidade e ensino de História: a matriz cultural africana. TEMPO, Niterói, v. 1, n. 21, p. 65-81, 2006. Disponível em: <http://www.scielo.br/pdf/tem/v11n21/v11n21a06.pdf>. Acesso em: 10 maio 2011.

FONSECA, S. G. CAMINHOS DA HISTÓRIA ENSINADA. 2. ed. Campinas: Papirus, 1994.

_____. DIDÁTICA E PRÁTICA DE ENSINO EM HISTÓRIA. 3. ed. Campinas: Papirus, 2003.

FONSECA, S. G.; SILVA, M. ENSINAR HISTÓRIA NO SÉCULO XXI: em busca do tempo entendido. Campinas: Papirus, 2007.

FRANÇOIS, E. A fecundidade da história oral. In: FERREIRA, M. de M.; AMADO, J. (Org.). Usos e abusos da história oral. São Paulo: Ed. da FGV, 1996.

FREITAS, I. A invenção dos testes no ensino secundário de História. Cadernos UFS-Psicologia, São Cristovão, v. 8, n. 3, p. 1-20, 2006.

FURET, F. A oficina da História. Lisboa: Gradiva, 1986.

GANDELMAN, L. M. Gênero e ensino: parâmetros curriculares, fundacionalismo biológico e teorias feministas. In: ABREU, M.; SOIHET, R. Ensino de História: conceitos, temáticas e metodologia. Rio de Janeiro: Casa da Palavra, 2003.

GASKELL, I. História das imagens. In: BURKE, P. (Org.). A escrita da história: novas perspectivas. São Paulo: Ed. da Unesp, 1992.

GONÇALVES, M. de A. História local: o reconhecimento da identidade pelo caminho da insignificância. In: MONTEIRO, A. M.; GASPARELLO, A. M.; MAGALHÃES, M. de S. (Org.). Ensino de História: sujeitos, saberes e práticas. Rio de Janeiro: Mauad; Faperj, 2007.

GRILLO, M. A. de F. A literatura de cordel na sala de aula. In: ABREU, M.; SOIHET, R. Ensino de História: conceitos, temáticas e metodologia. Rio de Janeiro: Casa da Palavra, 2003.

HARVEY, D. A condição pós-moderna. São Paulo: Edições Loyola, 1993.

HAYDT, R. C. C. Curso de didática geral. São Paulo: Ática, 1997.

HOBSBAWM, E. Sobre história. São Paulo: Companhia das Letras, 1998.

HORN, G. B.; GERMINARI, G. D. O ensino de História e seu currículo: teoria e método. Petrópolis: Vozes, 2006.

JENKINS, K. A História repensada. São Paulo: Contexto, 2001.

KNAUSS, P. O. desafio da ciência: modelos científicos no ensino de História. Cadernos Cedes, Campinas, n. 67, p. 279-295, set./dez. 2005. Disponível em: <http://www.scielo.br/pdf/ccedes/v25n67//a02v2567.pdf>. Acesso em: 10 maio 2011.

KNAUSS, P. O. O desafio de fazer História com imagens. ArtCultura, Uberlândia, v. 8, n. 12, p. 97-115, jan./jun. 2006. Disponível em: <http://www.seer.ufu.br/index.php/artcultura/article/viewFile/1406/1274>. Acesso em: 5 maio 2011.

\_\_\_\_. Sobre a norma e o óbvio: a sala de aula como local de pesquisa. In: NIKITIUK, S. L. (Org.). Repensando o ensino de História. 5. ed. São Paulo: Cortez, 2004.

KORNIS, M. A História e cinema: um debate metodológico. Estudos Históricos, Rio de Janeiro, v. 5, n. 10, p. 237-250, 1992. Disponível em: <http://bibliotecadigital.fgv.br/ojs/index.php/reh/article/view/1940/1079>. Acesso em: 10 maio 2011.

KOSELLECK, R. Uma história dos conceitos: problemas teóricos e práticos. Estudos Históricos, Rio de Janeiro, v. 5, n. 10, p. 134-146, 1992. Disponível em: <http://bibliotecadigital.fgv.br/ojs/index.php/reh/article/view/1945/1084>. Acesso em: 10 maio 2011.

LE GOFF, J. História e memória. Campinas: Ed. da Unicamp, 1990.

\_\_\_\_. Memória-História. In: Enciclopédia Einaudi. Porto: Imprensa Nacional-Casa da Moeda, 1985. v. 1.

LEVI, G. Os usos da biografia. In: AMADO, J.; FERREIRA, M. de M. (Org.). Usos e abusos da história oral. Rio de Janeiro: FGV, 1996.

LIMA, L. C. O controle do imaginário: razão e imaginação no Ocidente. São Paulo: Brasiliense, 1984.

LOURO, G. L. Gênero, sexualidade e educação. Petrópolis: Vozes, 1999.

LUCKESI, C. A base ética da avaliação da aprendizagem na escola. ABC EDUCATIVO, São Paulo: n. 54, p. 20-21, mar. 2006a. Disponível em: <http://www.luckesi.com.br/textos/avaliacao_base_etica.doc>. Acesso em: 3 ago. 2009.

\_\_\_\_. Avaliação da aprendizagem escolar. 18. ed. São Paulo: Cortez, 2006b.

MACEDO NETO, M. P. de. Parâmetros Nacionais Curriculares de História: desafios e possibilidades da história ensinada na educação básica. HISTÓRIA EM REFLEXÃO, Dourados, v. 3, n. 6, jul/dez. 1999. Disponível em: <http://www.periodicos.ufgd.edu.br/index.php/historiaemreflexao/article/view/487/356>. Acesso em: 4 nov. 2009.

MAGALHÃES, M. de S. Apontamentos para pensar o ensino de História hoje: reformas curriculares, ensino médio e formação do professor. TEMPO, Niterói, v. 11, n. 21, p. 49-64, jul. 2006. Disponível em: <http://www.historia.uff.br/tempo/artigos_dossie/v11n21a05.pdf>. Acesso em: 10 maio 2011.

_____. História e cidadania: por que ensinar história hoje? In: ABREU, M.; SOIHET, R. (Org.). ENSINO DE HISTÓRIA: conceitos, temáticas e metodologia. Rio de Janeiro: Casa da Palavra, 2003.

MATTOS, H. M. O ensino de História e a luta contra a discriminação racial no Brasil. In: ABREU, M.; SOIHET, R. (Org.). ENSINO DE HISTÓRIA: conceitos, temáticas e metodologia. Rio de Janeiro: Casa da Palavra, 2003.

MATTOS, M. B. Pesquisa e ensino. In: MATTOS, M. B. (Org.). HISTÓRIA: pensar e fazer. Niterói: LDH/UFF, 1998.

MENDES, M. A HISTÓRIA NO CURSO SECUNDÁRIO. São Paulo: Gráfica Paulista, 1935.

MENEZES, L. M. de.; SILVA, M. F. de S. Ensinando História nas séries iniciais: alfabetizando o olhar. In: MONTEIRO, A. M.; GASPARELLO, A. M.; MAGALHÃES, M. de S. (Org.). ENSINO DE HISTÓRIA: sujeitos, saberes e práticas. Rio de Janeiro: Mauad; Faperj, 2007.

MERCADO, L. P. L. (Org.). NOVAS TECNOLOGIAS NA EDUCAÇÃO: reflexões sobre a prática. Maceió: Eufal, 2002.

MEYER, E. O fim da memória. ESTUDOS HISTÓRICOS, Rio de Janeiro, v. 22, n. 43, p. 31-44, 2009.

MIRANDA, S. R. Para uma educação histórica da criança: um olhar através de um programa de avaliação. In: ENCONTRO REGIONAL DE HISTÓRIA, 12., 2002, ANAIS... Belo Horizonte: ANPUH-MG, 2002.

MUKANATA, K. O livro didático e o professor: entre a ortodoxia e a apropriação. In: MONTEIRO, A. M.; GASPARELLO, A. M.; MAGALHÃES, M. de S. (Org.). ENSINO DE HISTÓRIA: sujeitos, saberes e práticas. Rio de Janeiro: Mauad; Faperj, 2007.

NADAI, E. O ensino de História no Brasil: trajetória e perspectiva. REVISTA BRASILEIRA DE HISTÓRIA, São Paulo, v. 13, n. 25/26. set. 1992/ago. 1993. Disponível em: <http://www.s2.anpuh.org/arquivo/download?ID_ARQUIVO=3731>. Acesso em: 10 maio 2011.

NEVES, J. Entre o criticado e o legitimado. In: OLIVEIRA, M. da M. D. de. CONTRA O CONSENSO: LDB, DCN, PCN e reformas no ensino. João Pessoa: Sal da Terra, 2000.

NEVES, V. F. Construindo história no ensino fundamental: a questão dos eixos temáticos. COLLOQUIUM HUMARUM, Presidente Prudente. v. 3, n. 1, 2005.

NORA, P. Entre memória e história: a problemática dos lugares. PROJETO HISTÓRIA, São Paulo, n. 3, p. 12, dez. 1993.

OLIVEIRA, S. de. A NOVA LDB, OS PCN E O ENSINO DE HISTÓRIA. Disponível em: <www.faculdadefortium.com.br/susana_rodrigues/material/ 2153.doc.>. Acesso em: 4 nov. 2009.

OLIVER, R. A EXPERIÊNCIA AFRICANA: da Pré-História aos dias atuais. Rio de Janeiro: J. Zahar, 1994.

PEDRO, J. M. Traduzindo o debate: o uso da categoria gênero na pesquisa histórica. HISTÓRIA, São Paulo, v. 24, n. 1, p. 77-98, 1995. Disponível em: <http://www.scielo.br/pdf/his/v24n1/a04v24n1.pdf>. Acesso em: 10 maio 2011.

PINSKY, J.; PINSKY, C. B. O que e como ensinar: por uma história prazerosa e consequente. In: KARNAL, L. (Org.). HISTÓRIA NA SALA DE AULA: conceitos, práticas e propostas. São Paulo: Contexto, 2005.

PROENÇA, M. C. ENSINAR/APRENDER HISTÓRIA: questões de didática aplicada. Lisboa: Livros Horizonte, 1990.

RAMOS, A. F. A história dos historiadores/a história dos cineastas. In: ENCONTRO REGIONAL DE HISTÓRIA, 13., 2002. Belo Horizonte. ANAIS... BELO HORIZONTE: ANPUH-MG, 2002.

REIS, J. C. AS IDENTIDADES DO BRASIL DE VARNHAGEN A FHC. Rio de Janeiro: Ed. da FGV, 1999.

_____. HISTÓRIA E TEORIA: historicismo, modernidade, temporalidade e verdade. 3. ed. Rio de Janeiro: FGV, 2006.

ROCHA, H.; MAGALHÃES, M.; GONTIJO, R. (Org.). A ESCRITA DA HISTÓRIA ESCOLAR: memória e historiografia. Rio de Janeiro: Ed. da FGV, 2009.

ROCHA, U. Reconstruindo a história a partir do imaginário do aluno. In: NIKITIUK, S. (Org.). REPENSANDO O ENSINO DE HISTÓRIA. São Paulo: Cortez, 2004.

RUIZ, R. Novas formas de abordar o ensino de história. In: KARNAL, L. (Org.). HISTÓRIA NA SALA DE AULA: conceitos, práticas e propostas. São Paulo: Contexto, 2005.

RUSEN, J. RAZÃO HISTÓRICA: teoria da história – fundamentos da ciência histórica. Brasília: Ed. da UNB, 2001.

SALIBA, E. T. As imagens canônicas e o ensino de História. In: ENCONTRO PERSPECTIVAS DO ENSINO DE HISTÓRIA, 3., 1999, Curitiba. ANAIS... Curitiba: Ed. da UFPR; Aos Quatro Ventos, 1999.

SANTOS, B. S. Economia de cassino. FOLHA DE SÃO PAULO, São Paulo, 15 mar. 1998.

SANTOS, H. A BUSCA DE UM CAMINHO PARA O BRASIL: a trilha do círculo vicioso. São Paulo: Senac, 2001.

SARAMAGO, J. História e ficção. JORNAL DE LETRAS, ARTES E IDEIAS, Lisboa, 6 mar. 1990.

SCHMIDT, M. A.; GARCIA, T. M. F. B. A formação da consciência histórica de alunos e professores e o cotidiano em salas de aula de História. CADERNOS CEDES, Campinas, v. 25, n. 67, p. 297-308, set./dez. 2005. Disponível em: <http://www.scielo.br/pdf/ccedes/v25n67/a03v2567.pdf>. Acesso em: 10 maio 2011.

SCHWARCZ, L. M. As teorias raciais, uma construção histórica de finais do século XIX. In: SCHWARCZ, L.; QUEIRÓS, R. da S. (Org.). RAÇA E DIVERSIDADE. São Paulo: Edusp, 1996.

SCOTT, J. Gênero: uma categoria útil de análise histórica. EDUCAÇÃO E REALIDADE, Porto Alegre, v. 20, n. 2, p. 71-99, jul./dez.1995.

SEFFNER, F. Teoria, metodologia e ensino de História. In: GUAZZELLI, C. A. B. et al. QUESTÕES DE TEORIA E METODOLOGIA DA HISTÓRIA. Porto Alegre: Ed. da UFRGS, 2000.

SEGAL, A. Pour une dialetique de la durée. In: MONIOT, H. (Org). EINSEIGNER L'HISTOIRE. Berne: Peter Lang, 1984.

SERRANO, J. COMO SE ENSINA HISTÓRIA. São Paulo: Melhoramentos, 1935.

SHARP, J. A história vista de baixo. In: BURKE, P. (Org.). A ESCRITA DA HISTÓRIA: novas perspectivas. São Paulo: Ed. da Unesp, 1992.

SILVA, K. V. Biografias. In: PINSKY, C. B. (Org.). NOVOS TEMAS NAS AULAS DE HISTÓRIA. São Paulo: Contexto, 2009.

SILVA, M. O ENSINO DE HISTÓRIA NO CURSO FUNDAMENTAL. Disponível em: <http://silva.marcos.sites.uol.com.br/artigos/hist/ensino.pdf>. Acesso em: 30 jul. 2009.

SORLIN, P. SOCIOLOGIE DU CINEMA. Paris: Editions Aubier Montaigne, 1977.

THOMPSON, E. P. AS PECULIARIDADES DOS INGLESES E OUTROS ENSAIOS. Campinas: Ed. da Unicamp, 2001.

TOLEDO, M. A. L. Ti. Ensino de História ou História que se ensina: tautologia ou um debate essencial na construção de uma crítica à história ensinada no ensino fundamental? ÁGORA, Santa Cruz do Sul, v. 5, n. 2, jul./dez. 1999.

VAINFAS, R. Caminhos e descaminhos da história. In: CARDOSO, C. F.; VAINFAS, R. DOMÍNIOS DA HISTÓRIA: ensaios de teoria e metodologia. Rio de Janeiro: Campus, 1997.

VASCONCELOS, J. A. METODOLOGIA DO ENSINO DE HISTÓRIA. Curitiba: Ibpex, 2007.

VESENTINI, C. A. História e ensino: o tema do sistema de fábrica visto através de filmes. In: BITTENCOURT, C. M. (Org.). O SABER HISTÓRICO NA SALA DE AULA. São Paulo: Contexto, 1997.

VOLDMAN, D. Definições e usos. In: FERREIRA, M. de M.; AMADO, J. (Org.). USOS E ABUSOS DA HISTÓRIA ORAL. São Paulo: Ed. da FGV, 1996.

WHITE, H. META-HISTÓRIA. São Paulo: Edusp, 1992.

ZAMBONI, E. Representações e linguagens no ensino de história. REVISTA BRASILEIRA DE HISTÓRIA, São Paulo, v. 18, n. 36, p. 89-101, 1998.

# Bibliografia comentada

ABUD, K. M. Currículos de História e políticas públicas: os programas de História do Brasil na escola secundária. In: BITTENCOURT, C. M. F. (Org.). O SABER HISTÓRICO NA SALA DE AULA. São Paulo: Contexto, 2005.

Uma discussão mais aprofundada sobre as contradições entre os pontos de vista defendidos pelos PCN e sua adequação à realidade escolar pode ser vista nesse texto de Kátia Abud.

CARINO, J. A biografia e sua instrumentalidade educativa. EDUCAÇÃO & SOCIEDADE, Campinas, ano 20, n. 67, p. 153-181, ago. 1999.

Sobre a problemática da utilização da biografia no ensino de História, recomendamos esse texto de Jonaedson Carino.

CHARTIER, R. "Cultura popular": revisitando um conceito historiográfico. ESTUDOS HISTÓRICOS, Rio de Janeiro, v. 8, n. 16, 1995.

Esse artigo de Roger Chartier oferece um bom roteiro dos principais debates acerca desse conceito.

FONSECA, S. G. CAMINHOS DA HISTÓRIA ENSINADA. Campinas: Papirus, 1994.
A professora Selva Guimarães Fonseca tem uma série de trabalhos importantes sobre o ensino de História no Brasil. Recomendamos, para o aprofundamento deste capítulo, a leitura de Caminhos da história ensinada. Essa obra traz um valioso panorama histórico do ensino de História no Brasil, enfocando as relações entre os programas escolares e os processos políticos de construção da nossa nacionalidade.

GANDELMAN, L. M. Gênero e ensino: parâmetros curriculares, fundacionalismo biológico e teorias feministas. In: ABREU, M.; SOIHET, R. ENSINO DE HISTÓRIA: conceitos, temáticas e metodologia. Rio de Janeiro: Casa da Palavra, 2003.
Esse texto de Luciana Gandelman é uma leitura importante tanto para a discussão conceitual sobre gênero quanto para sua utilização nas aulas de História.

GRILLO, M. A. de F. A literatura de cordel na sala de aula. In: ABREU, M. e SOIHET, R. ENSINO DE HISTÓRIA: conceitos, temáticas e metodologia. Rio de Janeiro: Casa da Palavra, 2003.
A discussão da literatura de cordel em sala de aula é aprofundada por Maria Ângela de Faria Grillo nesse livro organizado pelas historiadoras Martha Abreu e Raquel Soheit.

KNAUSS, P. Sobre a norma e o óbvio: a sala de aula como lugar de pesquisa. In: NIKITIUK, S. M. L. (Org.). REPENSANDO O ENSINO DE HISTÓRIA. São Paulo: Cortez, 1996.
A discussão sobre a sala de aula como local de pesquisa tem como principal referência esse texto de Paulo Knauss. Trata-se de um estudo rigoroso sobre a construção do conhecimento histórico em sala de aula.

LE GOFF, J. HISTÓRIA E MEMÓRIA. Campinas: Ed. da Unicamp, 1990.
Para a discussão sobre memória, História e memória, de Jacques Le Goff, é referência obrigatória. O notável medievalista francês discorre de forma elegante sobre tortuosas relações entre história e memória desde os gregos.

LUCKESI, C. AVALIAÇÃO DA APRENDIZAGEM ESCOLAR. 18. ed. São Paulo: Cortez, 2006.
Esse livro de Cipriano Luckesi é uma das mais completas referências sobre o tema, uma crítica avassaladora contra a "pedagogia do exame" e uma defesa ardorosa de novos métodos avaliativos que contemplem a reflexão autônoma por parte do estudante, além da produção de sentido.

MAGALHÃES, M. de S. Apontamentos para pensar o ensino de História hoje: reformas curriculares, ensino médio e formação do professor. TEMPO, Niterói, v. 11, n. 21, p. 49-64, jul. 2006.
Obviamente recomendamos a leitura atenta dos PCN produzidos para o ensino fundamental e o ensino médio. Mas para uma discussão histórica acerca da elaboração dos PCN é importante a leitura desse artigo de Marcelo de Souza Magalhães.
Esse mesmo texto é também uma fonte de leitura importante para uma discussão crítica sobre os PCN, especialmente os destinados ao ensino médio.

MAGALHÃES, M. de S. História e cidadania: por que ensinar História hoje? In: ABREU, M.; SOIHET, R. (Org.). ENSINO DE HISTÓRIA: conceitos, temáticas e metodologia. Rio de Janeiro: Casa da Palavra, 2003.
Recomendamos outro texto de Marcelo de Souza Magalhães, História e cidadania: por que ensinar História hoje? Trata-se de um estudo bastante rigoroso sobre o tema da cidadania no ensino de História, destacando a sua inserção nos PCN.

MATTOS, H. M. O ensino de História e a luta contra a discriminação racial no Brasil. In: ABREU, M.; SOIHET, R. ENSINO DE HISTÓRIA: conceitos, temáticas e metodologia. Rio de Janeiro: Casa da Palavra, 2003.
Este trabalho de Hebe Mattos tem proposta semelhante à obra de Gandelman, anteriormente citada, mas com foco nas relações étnicas e no trabalho.

MENEZES, L. M. de; SILVA, M. F. de S. Ensinando História nas séries iniciais: alfabetizando o olhar. In: MONTEIRO, A. M.; GASPARELLO, A. M.; MAGALHÃES, M. de S. (Org.). ENSINO DE HISTÓRIA: sujeitos, saberes e práticas. Rio de Janeiro: Mauad; Faperj, 2007.
Esse texto de Leila Medeiros de Menezes e Maria de Fátima Souza Silva aponta a história local como um dos mais importantes instrumentos de educação histórica para as fases iniciais da vida escolar. Todos os textos recomendados aqui – e também nos capítulos posteriores – encontram-se referenciados na bibliografia citada ao final do livro.

MIRANDA, S. R. Para uma educação histórica da criança: um olhar através de um programa de avaliação. In: ENCONTRO REGIONAL DE HISTÓRIA, 12., 2002, ANAIS... Belo Horizonte: ANPUH-MG, 2002.
Em uma perspectiva mais voltada para o ensino de História, recomendamos esse texto de Sônia Regina Miranda. Trata-se de um sugestivo conjunto de propostas de avaliação do ensino-aprendizagem em História para as fases iniciais da vida escolar.

PIAGET, J. A REPRESENTAÇÃO DO MUNDO NA CRIANÇA. Rio de Janeiro: Record, 1987.

PIAGET, J.; INHELDER, B. GÊNESE DAS ESTRUTURAS LÓGICAS ELEMENTARES. Rio de Janeiro: J. Zahar, 1971.
Para o problema da construção dos conceitos pelos estudantes, são de grande importância essas obras de Piaget. Os dois livros, no nosso ponto de vista, oferecem um bom panorama dos seus estudos sobre a formação dos conceitos pelas crianças.

REIS, J. C. HISTÓRIA E TEORIA: historicismo, modernidade, temporalidade e verdade. 3. ed. Rio de Janeiro: Ed. da FGV, 2006.
Uma boa introdução sobre teoria e metodologia da História pode ser encontrada nessa obra de José Carlos Reis. O livro compõe-se de vários ensaios discutindo temas como verdade histórica, tempo, modernismo, pós-modernismo, entre outros.

SEFFNER, F. Teoria, metodologia e ensino de História. In: GUAZZELLI, C. A. B. et al. QUESTÕES DE TEORIA E METODOLOGIA DA HISTÓRIA. Porto Alegre: Ed. da UFRGS, 2000.
Para uma discussão sobre a utilização de noções teóricas e metodológicas no ensino de História, leia esse texto de Fernando Seffner.

THOMPSON, E. P. A FORMAÇÃO DA CLASSE OPERÁRIA INGLESA. Rio de Janeiro: Paz e Terra, 1987. 3 v.
Uma referência indispensável para o estudo da HISTÓRIA VISTA DE BAIXO é a obra de Edward P. Thompson. Destacamos aqui A formação da classe operária inglesa, um trabalho monumental em três volumes, que se propõe a entender a constituição do operariado inglês sob a pespectiva da cultura e da sociabilidade dos trabalhadores comuns.

VYGOTSKY, L. S. A FORMAÇÃO SOCIAL DA MENTE. São Paulo: M. Fontes, 1991.

_____. PENSAMENTO E LINGUAGEM. São Paulo: M. Fontes, 1993.
Assim como as obras de Piaget, citadas anteriormente, essas obras de Vygotsky também são de suma importância para a construção dos conceitos pelos estudantes, pois contêm o cerne das reflexões desse importante pensador russo.

WHITE, H. META-HISTÓRIA. São Paulo: Edusp, 1992.
Esse livro do norte-americano Hayden White, é uma das obras mais controversas da historiografia recente. Rejeitando o caráter científico da disciplina de História, White chama a atenção para as figuras literárias do texto histórico.

# Outras sugestões de leitura

- **História oral e visitas a museus:**
Para a discussão sobre história oral, ver o texto de VOLDMAN, D. Definições e usos. In: FERREIRA, M. de M. e AMADO, J. (Org.). USOS E ABUSOS DA HISTÓRIA ORAL. São Paulo: Editora da Fundação Getúlio Vargas, 1996.
A referência para o debate sobre visitas a museus é o trabalho de ALMEIDA, A. M.; VASCONCELLOS, C. de M. Por que visitar museus. In: BITTENCOURT, C. M. F. (Org). O SABER HISTÓRICO NA SALA DE AULA. São Paulo: Contexto, 2005.

- **Livro didático:**
A leitura básica é o texto MUKANATA, K. O livro didático e o professor: entre a ortodoxia e a apropriação. In: MONTEIRO, A. M.; GASPARELLO, A. M. e MAGALHÃES, M. de S. (Org.). ENSINO DE HISTÓRIA: sujeitos, saberes e práticas. Rio de Janeiro: Mauad; Faperj, 2007.

- **Cinema:**
Sobre cinema, recomendamos a leitura de ABUD, K. M. A construção de uma didática da história: algumas ideias sobre a utilização de filmes no ensino. HISTÓRIA, São Paulo, v. 22, n. 1, p. 183-193, 2003.

- **Iconografia:**
A referência mais importante é KNAUSS, P. O desafio de fazer História com imagens. ArtCultura, Uberlândia, v. 8, n. 12, p. 97-115, jan./jun. 2006. É também importante a leitura do texto de BITTENCOURT, C. M. F. Livros didáticos entre textos e imagens. In: BITTENCOURT, C. M. F. (Org.). O SABER HISTÓRICO NA SALA DE AULA. São Paulo: Contexto, 2005.

- *Softwares* e **internet:**
A principal indicação é FONSECA, S. G.; SILVA, M. Ensinar História no século XXI: em busca do tempo entendido. Campinas: Papirus, 2007.

# Respostas

### Capítulo 1
Atividades de autoavaliação
1 – b
2 – d
3 – c
4 – b
5 – a

### Capítulo 2
Atividades de autoavaliação
1 – c
2 – d
3 – a
4 – b
5 – b

### Capítulo 3
Atividades de autoavaliação
1 – c
2 – c
3 – a
4 – b
5 – d

### Capítulo 4
Atividades de autoavaliação
1 – b
2 – c
3 – b
4 – c
5 – d

### Capítulo 5
Atividades de autoavaliação
1 – b
2 – c
3 – a
4 – b
5 – d

### Capítulo 6
Atividades de autoavaliação
1 – b
2 – a
3 – a
4 – d
5 – c